日本の税は不公平

野口悠紀雄
Yukio Noguchi

PHP新書

はじめに

■税の不公平に国民の怒りが爆発している

自民党派閥の裏金問題が暴露され、国民の怒りが爆発している。

国民は何に怒っているのか？　受け取った資金を政治資金収支報告書に記載しなかったことか？　それもあるが、多くの政治家が巨額の資金を受け取りながら、それを税務申告せず、税を払っていないことに怒っているのではないか？

仮に私がセミナー会社の社員であったとしよう。私が努力した結果、セミナーの受講者が増え、会社の収入が増えた。会社はそれに報いて、給与やボーナスとは別に、私に特別の手当を現金でこっそりと出してくれた。では、この手当は、課税の対象か？　そうであることは、明々白々だ。仮に私がこれを税務申告しなかったら、脱税になる。

派閥からの裏金は、実質的には、これと同じものだ。それにもかかわらず、政治資金というだけで課税を免れている。なんと不公平なことだろう。

「政治にはカネがかかる」と言われる。ある自民党国会議員の年間収入と支出は、7000万円程度だそうだ。[1]「庶民とは桁違いだから、庶民と同じ税率表を適用できるはずがないだろう。幼稚なことを言うな」と馬鹿にされるかもしれない。しかし、税について、そうした論理は受け入れられないのである。

問題が発覚したのがたまたま確定申告に向けての準備期間であったために、多くの人が、自分が強いられている税負担との比較を、否応なしにさせられた。そして、政治家と比べてなんと不公平な扱いだろうと、怒りを爆発させたに違いない。

第1章で見るように、歴史上多くの革命が、税に対する不満を発端として起きた。もし、今回の事件がうやむやのままに終わってしまうなら、日本に未来はない。

■高齢化による負担増は避けられない。不公平こそが問題

いや、「未来がない」などとのんきなことを言ってはいられない。なぜなら、未来に待ち構えているのは、高齢化社会の負担増であるからだ。

現在の日本は、すでに高負担社会だ。第3章の4で見るように、国民負担率（租税負担と社会保障負担の合計の国民所得に対する比率）は、46・8%になっている。そして、第4章か

ら第7章で論じるように、この比率は、高齢化の進展でさらに高まらざるをえない。

しかし、本当にそうした超高負担社会を実現できるのだろうか？　もしできなければ、医療や介護で、不十分なサービスしか受けられないのではないか？　あるいは、年金をカットされてしまうのではないか？　国民の間には、このような不安が広がっている。

そうした問題があるのに、所得税減税が唐突に行なわれたり、医療保険で徴収した保険料を子育て予算に使うなどの支離滅裂な政策が行なわれている。問題は、増税が必要であるにもかかわらず、岸田文雄首相が、批判を恐れてそれに手をつけないことだ。だから、批判は、増税をすることではなく、必要なのにそれを行なわないことに向けられるべきだ。

負担増を行なうにあたって最も重要なのは、公平性の確保だ。税や社会保険料の負担を最終的に決定するのは、政治家だ。政治家が国民に負担を求める一方で自分では非課税の政治資金をいくらでも使えるとしたら、国民は、政治家が決めたことに従うだろうか？

税の負担も、社会保険料の負担も、重い。本当に重い。誰もが同じように重い負担に苦しんでいるのだと納得できなければ、この負担に耐えることができない。憂うるべきは、負担

1　日本経済新聞「カネの本音、語れぬ自民党」2024年2月10日

が公平でないことだ。不公平こそが問題なのである。

■税制への信頼こそ国の基礎

税は身近な問題でありながら、専門的な内容が多いので、その全容を把握することが容易でない。本書は、予備知識を前提とせず、日本の税や社会保険料についての問題を明らかにすることを目的としている。以下に、各章の概要を簡単に紹介しておこう。

第1章では、自民党派閥の裏金問題を、脱税問題として捉えるべきことを論じる。この問題がうやむやのままに終われば、税制に対する国民の信頼が崩壊するだろう。

フランス革命をはじめとする多くの革命が、税に対する不満が原因で起きた。ただし、ローマ帝国のように、優れた指導者が、数百年にわたる税制の基礎を築いた例もある。

第2章では、最近の日本で税の基本原則が安易に犯されていることについて述べる。「税」が2023年の「今年の漢字」に選ばれたのは、「税負担が今後知らないうちに増えていくのではないか」という漠然たる不安を、国民の多くが感じているからだろう。

第3章では、所得税、法人税、消費税などの主要な国税と、地方税、社会保障制度の概要、また、社会保障給付費、国民負担率などについて説明する。

■年金、医療、介護はどうなる？

第4章で分析するように、高齢化によって社会保障支出が増えるため、税や社会保険料などの負担は高まらざるをえない。国民負担率は50％程度になり、消費税率を12％以上に引き上げる必要があるだろう。

第5章では、公的年金の将来を考える。これまで行なわれた公的年金の財政検証は、保険料を引き上げなくとも、年金制度を維持できるとしている。しかしこれは、実質賃金の伸び率の過大な見積もりによる面が多い。現実的な想定では、厚生年金の積立金が枯渇し、支給開始年齢引き上げ等の措置が必要になる可能性がある。老後資金として2000万円が必要との試算は、過小な見積もりである可能性が高い。

第6章では、高齢化に伴って医療費が増加することを述べる。医療費の自己負担率が引き上げられる可能性は高い。

第7章では、介護について分析する。介護は、高齢になれば、ほとんどの人が避けて通れない深刻な問題だ。今後、要介護人口が増えるので、介護従事者も増える必要がある。しかし、現実には、人材の確保が難しい。このため、介護保険が崩壊する危険がある。これを避けるには、介護保険料の引き上げが不可避だ。

■公平な税制を目指せ

第8章では、金融所得課税を取り上げる。新しいNISA（少額投資非課税制度）が日本再生の鍵であるかのように言われることがあるが、疑問がある。金融資産から生じる所得は分離課税で、税負担は軽減されている。これは、大きな不公平だ。すべての銀行預金口座をマイナンバーに紐《ひも》付けることによって、公平な課税が実現されることが期待される。

第9章では、日本の公的負担制度（税制や社会保険料、自己負担など）が持つさまざまな問題を指摘する。現在の所得税制は、フリーランサー的な働き方を阻害する可能性がある。高齢者が働くと、重い負担がかかる。これは、高齢者が働き続けることに対して、強い抑制効果を持つ。人生100年時代においては、いつまでも働き続けられる制度を作るべきだ。また、給与所得控除や、消費税のインボイス制度について述べる。さらに、ふるさと納税制度が持つ問題点を指摘する。

◆　◆

本書は、「現代ビジネス」「ダイヤモンド・オンライン」「東洋経済オンライン」「ビジネス＋IT」に公開した記事を基としている部分が多い。[2] これらの掲載にあたってお世話になった方々に御礼申し上げたい。

本書の刊行にあたっては、株式会社PHP研究所ビジネス・教養出版部の宮脇崇広氏にお世話になった。御礼申し上げたい。

二〇二四年二月

野口悠紀雄

2　東洋経済オンラインでの初出記事は、以下のとおり。東洋経済オンライン「子育て支援金『国民負担増加なし』のカラクリ、医療費の自己負担増加は負担増ではないのか」2024年1月7日、東洋経済オンライン「日本人は『国民負担』の増加にもっと怒っていい、税収増加で財政規律が弛緩している」2023年12月24日

日本の税は不公平

目次

はじめに

第1章 税を誤れば国は滅びる

第2章 気がつけば、いつの間にやら負担増

第3章　税と社会保障の制度を概観する

第4章 本当の問題は、高齢化による負担の増加

第5章 年金が破綻する日

第6章 医療保険の負担増

第8章 公平な税制こそ何より重要（その1）

第9章 公平な税制こそ何より重要（その2）

図表目次

第1章

税を誤れば国は滅びる

1　パーティー券収入のキックバック裏金問題

■政治家に対する国民の不信が爆発

　自民党派閥のパーティー券収入のキックバックが、２０２３年12月に問題となった。本稿執筆時点（２０２４年2月）で事態は進行中であり、どのように決着するかは、見通せない。

　この報道を受けて、政治家に対する国民の不信感が爆発した。安倍派、岸田派、二階派などが派閥解散を決めたが、国民は納得せず、岸田文雄内閣に対する支持率は低下している。

　これは、上脇博之《かみわきひろし》神戸学院大教授が政治資金規正法違反で刑事告発したことから行なわれている捜査であるため、資金収支報告書の記載義務に違反した問題として捉えられている。

　政治資金の流れの透明化は、重要な課題だ。それは、政府の政策が特定集団の利益のためのものになっていないかどうかをチェックするための、基本的な情報となるからだ。

　ただし、キックバックされた裏金について、資金の流れの追跡は難しいかもしれない。また情報がデジタル形式で提供されていないために、分析作業に多大の労力が必要となる。

そして、この問題とは別に、多くの国民が、課税の不公平に対して、強い怒りを持ったことも間違いない。

■これは、脱税事件ではないのか？

たまたま事件が報道されたのが確定申告期であったこともあり、多くの国民は、報道される政治家の実態と自分の日常生活を比べざるをえなかった。

われわれは、税金を納めるためにこんなに苦労しているのに、政治資金について、政治家は巨額の収入を得ながら、税金を納める必要がない。毎年、確定申告の時期には、私を含めて多くの国民が、わずかな額の領収書も漏らさず集めようと、必死になって書類の山を引っ掻き回している（私は、申告書の作成は税理士に依頼しているが、領収書や支払い調書など申告に必要な資料は、自分で集めなければならない）。

しかし、なぜ政治家は、われわれと桁違いの収入を得ても特別の扱いなのか？　何と不公平なことだろうと、怒りがこみ上げてくる。

自民党派閥のパーティー券キックバック裏金問題は、政治資金に関してさまざまな問題があることを明らかにした。普通の人の感覚なら、これは脱税問題になる。しかし、実際には、そうなってはいない。なぜなのだろうか？

以下では、記載義務違反とは別に、課税上の問題があることを指摘したい。要点は、キックバック収入は政治資金とは見なせないから、課税所得であるということだ。

2 政治資金非課税扱いの根拠は薄弱

政治家個人への政治資金は雑所得

税法では、政治資金に対する課税をどのように規定しているのだろうか？
東京都や広島県などの都道府県が「政治団体の手引き」という公式ページを公表しており、政治資金に関する税法上の扱いについて説明している。[1]
これらを整理して示すと、次のようになる。
まず、政治団体に対する課税と、政治家個人に対する課税を区別する。

1　東京都選挙管理委員会事務局「政治団体の手引」２０２３年2月
広島県選挙管理委員会「政治団体の手引」２０２３年9月
この他、千葉県、茨城県、栃木県、宮城県、福島県、山形県、新潟県、長崎県、滋賀県などが、「政治団体の手引」を作成、公表している。

政治団体には、法人格を有するものと、有しないものがある。法人格を有するものは、「政党交付金の交付を受ける政党等に対する法人格の付与に関する法律」により法人格を取得している政党等と、政党の指定する政治資金団体だけだ。これ以外の政治団体は法人格を有しておらず、「人格なき社団」として取り扱われている。

政治家個人に対する政治資金への課税については、次のように説明している。[2]

1. 政治家個人が政治活動に関して受けた政治資金は、雑所得であり、他の所得と合算して課税される。この場合、政治活動のために支出した金額は経費として控除。ただし、赤字が生じても、他の種類の所得と損益通算ができない。

2. 選挙運動に関して受けた寄附で、公職選挙法第189条の規定に基づく収支報告がされている場合には、課税されない（所得税法第9条第1項第19条、相続税法第21条の3第1項第6号）。[3]

■パーティー券収入は、事実上、非課税扱い

政治団体が受けた収入は、寄付と事業収入とに区別される。

広島県公式ページは、寄付につき、「政治団体が受けた政治活動に関する寄附については原則として非課税」としている（第3篇、第1）。[4]

次に、収益事業による所得については、法人税が課税されるとし、その例として出版事業を挙げている。

ただし、一定の条件が満たされれば、課税対象外になるとしている。なお、政治団体も消費税の課税対象となる。

パーティー券収入は、実際には非課税とされているのだが、それは、法律上の明確な規定に基づくものでなく、事実上そうした扱いになっているというだけのことであるようだ。パーティー券を販売して収入を得たとしても、それは法人税の対象である「収益事業」とは見なされないと、実務上、解釈されていて非課税となるのだと言われている。

2　広島県「政治団体の手引き」第3篇、第2

3　「選挙運動に関して受けた寄附」とは、正確には、次のとおり：公職選挙法の適用を受ける選挙における公職の候補者が選挙運動に関し贈与により取得した金銭、物品その他の財産上の利益で同法第189条（選挙運動に関する収入及び支出の報告書の提出）の規定による報告がなされたもの。

4　根拠規定は、次のとおり。法人税法第7条、法人格付与法第13条第1項、相続税法第21条の3第1項第3号、相続税法第1条の4。

なお、公益法人の活動には課税されないが、政治家の団体は公益法人ではないので、これとは関係がない。

■政治家個人への寄付は、禁止の場合が多い

政治家個人への寄付については、次のような制約がある。[5]

- 個人から政治家個人への政治活動に関する寄附は、金銭及び有価証券によるものは原則禁止。年間150万円以内の物品等に限られる。
- 政治家の資金管理団体や後援団体などの政治団体に対する寄附は、年間1団体につき150万円まで金銭による寄附ができる。
- 例外として選挙運動に関するものに限り、年間150万円以内で金銭による寄附をすることができる。
- 会社、労働組合やその他の団体などが政治家個人や後援会へ寄附することは一切禁止。会社、労働組合等は、政党及び政治資金団体に対してのみ寄附することができる。

■政治資金規正法は、課税については何も規定していない

政治資金規正法は、政治団体が受けた寄付について公表することを義務づけているが、課税の扱いについては何も規定していない。

政治資金規正法は、１９８８年のリクルート事件を契機として、１９９４年に改定された。政治家個人に対して寄付を行なうことが禁止され、寄付は、政治団体に対して行なうこととされ、それを収支報告書に記載して公表することが義務付けられた。この法律の目的は、政治資金の流れを透明化することなのである。

■なぜ政治家の活動だけが特別扱いなのか？

以上のように、政治団体が、会費や寄付金等を受け取った場合、それに税金はかからない。

では、なぜ非課税なのか？　政治活動は社会的に有意義だからだろうか？

しかし、もしその論理がまかり通るなら、「私の仕事は社会的に有意義だから、非課税であるべきだ」と言う人や企業が続出するだろう。

例えば、「原稿を発表することによって世の中が良くなると期待されるから、原稿料収入は非課税であるべきだ」と言いたくなる。

もちろん、こんなことを言ったところで、笑い物にされるだけだろう。それにもかかわらず、政治資金は非課税とされている。そうなる理由は、政治家には力があるが、原稿執筆者にはない、ということしかない。

多くの日本人が、私と同じように、この素朴な疑問を心の中に抱えているだろう。一般人が行なっている活動は、税務署に散々調べ上げられて、しかも高い税金を課される。しかし、政治活動は違う。なぜなのか？　という質問は、政治家以外のほとんどの人が心の中に抱えている疑問だろう。

選挙は公益のために非常に重要な活動である、これは間違いないことだ。しかし、なぜ選挙に必要な資金は非課税なのか？　それがあるから、それ以外の政治活動についても、事実上の解釈として、非課税となることが、一般に認められている。

だから、まず、最初に選挙に関する収入がなぜ非課税なのかを問題にしなければならないだろう。

外国においても、同じような問題がある。これは日本だけの特殊な問題ではない。しかし、「外国でもそうだから」というだけでは理由にはならない。

政治活動である選挙に税務当局が介入してきて、何らかの政治的意図を持って、ある政治勢力だけを厳しく調査するようなことになれば問題だ、ということはあり得る。そういう行為を排除するために、選挙活動に必要な資金を非課税にするという説明だ。

しかし、それは選挙活動に限らない。私が意見を述べることも、ある種の政治活動だといえないことはない。では、なぜ選挙だけが非課税なのか？

パーティーは、本当はビジネスではないのか？

前項で述べたことは、とくにパーティー券収入について言える。すでに述べたように、これは非課税とされる。しかし、パーティーの実態はビジネスなのではないだろうか？

パーティーの本来の趣旨は、支持者が政治家の志を支えようということであり、そうしたパーティーもあるだろう。しかし、実際には、パーティー券を購入することによって、何らかの見返りを受けられるという期待があるはずだ。あるいは、購入しないとさまざまな嫌がらせを受けるかもしれない。

そうだとすれば、それは、一種のビジネスだと見るのが自然だろう。だから、特別扱いするのはおかしい、ということになる。

江田五月《えださつき》氏は、『国会議員 わかる政治への提言』（講談社現代新書）の中で、企業が政治家に「車や秘書を提供し、赤坂や銀座で接待し、多額の献金をする」のは、「企業として損得のバランスがとれると見込んでいるからだ」と述べている。

■国会議員には非課税の所得が多すぎる

国会議員には、課税所得である「歳費」の他に、非課税の収入がたくさんある。まず、「調査研究広報滞在費」（「文書通信交通滞在費」）が、月65万円、年に780万円。

そして、立法事務費が月額65万円、年に780万円。それに加え、JR特殊乗車券・国内定期航空券や、3人分の公設秘書給与や委員会で必要な旅費、経費、手当、弔慰金などが支払われる。

率直に言って、うらやましいと思う。われわれの生活とはあまりにかけ離れているので、そもそも「おかしいのではないか？」と言う気力さえ失ってしまう。

これほど多額の非課税収入を得られると、納税者意識など麻痺《まひ》してしまうのかもしれない。しかし、政治家が納税者意識を失ってしまっては、困るのだ。

第４章で述べるように、国民負担率は、５割に近づいている。平均すれば、所得の半分近くが、税・社会保険料として徴収されている。そして、これから高齢化がさらに進んで社会保障費が増えれば、国民負担率がさらに上がることは不可避だ。

こうした状況で、税の不公平は、絶対に許されない。負担率の引き上げを実現する責務を負っている国会議員が税負担を免れるようでは、いったいどうやってそれを実現できるのかと、暗澹《あんたん》たる気持ちになる。

3 裏金問題は、脱税問題ではないのか？

■キックバック収入：個人が受け取ったのなら雑所得

パーティー券売り上げのキックバック収入は、税務上どう扱うべきか？

それを考えるには、まず、キックバックを受け取ったのが、政治家個人だったのか、それとも、その政治家の資金管理団体だったのかを知る必要がある。

授受の実態がどうであったかは、本稿執筆時点では必ずしも明らかにされてしていない。

政治資金のやりとりは、資金管理団体によって行なわれるべきだが、政治家が、その管理する資金管理団体を通さず、個人として、資金を受け取ることはありうる。キャッシュバックという裏金については、とくにそうだ。現金のやり取りが行なわれた場合は、その可能性がとくに高いと考えられる。

個人が受け取ったのであれば、すでに述べたように、雑所得だ。キックバック収入の多くは、これに該当するのではないだろうか？

なお、政治家個人に対する寄付は違法である場合もあるが、違法に得た所得であっても申告の義務がある。たとえは悪いが、泥棒で金品を得るのは違法だが、だからと言って申告しなくてよいということにはならない。

■資金管理団体が受け取った場合：「確実に公益目的」と言えるか？

キックバック収入については、派閥から、「資金収支報告書に記載しなくていい」と言われたと報道されている。

政治資金であれば記載する必要があるのだから、「記載しなくていい」というのは、「政治資金ではない」という意味だと解釈せざるを得ない。

相続税法第21条の3第1項第3号では、「寄附収入は、公益を目的とする事業を行う者が贈与により取得した財産で当該公益を目的とする事業の用に供することが確実なものについては非課税」としている。「確実なもの」と限定していることに注意が必要だ。「資金収支報告書に記載しなくてよい」というのでは、公益を目的とする事業の用に供することが確実とは到底言えないだろう。

したがって、これは課税所得だと考えられる。そうであれば、税務申告する必要がある。今回、検察は、国会議員では3人だけを起訴して捜査終結としたが、残りのキックバック受領者にも、この問題が残っていることに注意が必要だ。

政治活動に対するあまりに寛大な扱い

今回の問題について、国民の怒りは、政治資金の税制上の扱いが、あまりに寛大であることに向けられている。

前節で書いたように、パーティー券収入は非課税とされている。しかし、それは、現行の扱いが事実上そうなっているというだけのことであり、明文の規定でその扱いが正当化されるというわけではない。

政治家のパーティーは、事実上のビジネスだ。その収入は、民間であれば、当然課税対象になる。ところが、政治活動だからという理由で非課税になるのは、いかにもおかしい。そして、民間主体が脱税すれば極めて重い罰を受けるにもかかわらず、今回の問題がそうならない可能性がある。そもそも脱税問題とされない可能性が強いし、政治資金収支報告書を修正すれば、それで済んでしまう可能性が強い。

ただし、2024年2月になって、国会の審議でも、裏金問題が収支報告書の不記載問題にとどまるものでなく、課税上の重大な問題であることが問題にされた。そして、少なくともキックバックを個人が受けた場合に雑所得になることについて、ようやく広い認識が形成されつつある。

この問題は、決してうやむやのままで済ますことができないものだ。

▒すべてが政治資金に使われたら、課税対象にならないのか？

右で述べたことに関して、鈴木俊一《すずきしゅんいち》財務相は、2023年12月8日の予算委員会で、立憲民主党の石橋通宏《みちひろ》氏の質問に対して、「必要経費を差し引いた残額が課税対象となる。すべてが政治活動に使われていれば、課税対象にならない」と答弁した。

しかし、この説明は説得的でないと思う。その理由は、次のとおりだ。

政治資金の資金源としては、キックバック収入以外のものが沢山あるだろう。そして「金に色はない（fund is fungible）」から、どの収入をどの支出に対応させるかは、いくらでもやり方がある。したがって、キックバック収入は全て政治活動に用いたとの主張は、簡単にできてしまうだろう。

しかも、政治家の場合には、非課税で得た収入を用いて支出した領収書がいくらでもあるだろう。だから、われわれが領収書を集めるのよりずっと簡単に、領収書を集められる。だから、「政治活動に使った」との言い訳は、簡単にできる。

問題は、「なぜ記載しなかったか?」ということなのだ。それは、その資金を政治活動以外に使えると考えたからだろう。

もし最初から全額を政治活動に用いるのであれば、キックバック収入は堂々と収支報告書に載せて公開するだろう。そうしなかったのは、それによって、政治活動以外の用途に使える資金源が増えると考えたからではないのか? つまり、脱税の意図があったと推定されるのではないだろうか?

そして、何事も起こらなければ、つまり今回のような問題が起こらなければ、結果的にも納税はなされない(実際、これまで長年にわたって、そうした事態が続いていたのだ)。

前節の最後の項で、国会議員には非課税の収入が多いのでうらやましいと述べた。「それは多額の収入が得られるからうらやましい」という意味ももちろんあるのだが、「非課税収入について申告手続きの苦労を味わう必要がない」という意味の方が強いのである。

納税の苦しみを知らない人たちが、税制の基本を決めるのは、大いに問題なのではないだろうか？

■「政策活動費」という巨大な魔物

ところで、以上の議論の前に立ちはだかるものがある。それは、「政策活動費」だ。政党が国会議員に支出し、使途を報告する必要がない。領収書の添付義務も、精算や納税の義務もない。

総務省が２０２３年11月24日に公表した２０２２年の各政党の報告書によると、党から渡された金額は、自民党の場合は14億１６３０万円だった。[6] 自民党前幹事長の二階《にかい》俊博《としひろ》氏は、約５年の在任中に計約48億円を受け取っていた。

これが、今回のキックバックの弁明に使われているようだ。池田佳隆《いけだよしたか》議員事務所は「政策活動費だと認識して収支報告書には記載しなかった」とコメントを出した。

しかし、この釈明はおかしい。なぜなら、政策活動費は政党からしか出せないものだからだ。しかも、池田議員は、証拠隠滅のためにドライバーでＰＣを破壊した。政策活動費であ

6　朝日新聞「使途途不明の『政策活動費』　１年間で計16億円　自民が最多14億円」２０２４年１月13日

れば、何のためにそんなことをしたのか？　だから、言い訳にはならないとは思う。

ただし、キックバック問題とは別の問題として、こうした制度があることを放置するわけにはいかない。しかも、各党は税金を原資とする政党交付金（政党助成金）を受けている。これは政策活動費には使われていないと説明されているが、金に色はないので、無意味な説明だ。

■税制に対する国民の信頼が崩壊するおそれ

政治資金の問題は、これまでも何度も問題にされてきた。今回の事件がそれらと異なるのは、民間活動との比較がなされてしまうことだ。

同じことを民間が行なえば重い罰を科されるにもかかわらず、政治活動の場合にはそうならないという問題だ。扱いの違いがあまりに大きいために、不公平感が極めてはっきりした形で感じられてしまうのである。確定申告のために、数百円、数千円の領収書を集めている我が身が、なんとも惨めに思えてくる……。

これだけ国民の関心が高まった問題だ。この機会に、政治資金の課税問題を、根本から考え直すべきだ。このままでうやむやに済ますわけにはいかない。

この問題がうやむやのままで処理されてしまえば、税制そのものに対する国民の信頼が崩壊してしまう危険がある。

本章の5で述べるように、税の不公平を発端として起こった革命は、歴史上、いくつもある。われわれがいま直面しているのは、それと同じように重要な問題だ。

4 税負担の不公平が、裏金事件の本質

■市民団体が自民党裏金問題を脱税と告発

自民党の裏金事件に関して、脱税であるとする告発状が市民団体から提起された。

この団体は、「自民党ウラガネ・脱税を許さない会」。安倍派の実力者ら幹部議員7人と、政治資金規正法違反の罪で立件された議員や元議員3人が、派閥からの還流分を所得として計上せず、脱税したとして、2024年2月1日、所得税法違反の疑いの告発状を東京地検に提出した。

多くの国民は、今回の事件に関して、「収支報告書不記載は確かに問題だが、報告書を修正すればそれで終わりというものではない」と考えている。右の告発は、それを明確な形で表現したものだ。

政治家と一般国民が、納税義務で別扱い

普通の感覚で考えれば、キックバック裏金は課税対象であり、したがって税務申告が必要なはずだ。それにもかかわらず、申告がなされていないのではないか？　つまり脱税ではないか？　という疑いを、多くの人々が持っている。

そして、そうした扱いが慣例化して長年にわたって続いてきたという事実を、自分が重い税負担に苦しんでいることと比較して、何と不公平なことかと憤っている。

国民は、政治資金規正法で課された公開義務に違反したことだけを怒っているのではない。納税という極めて重大な問題に関して、自分たちと政治家が、全く異なる扱いを受けていることに対して怒っているのだ。

市民団体による告発状は、裏金事件は、収支報告書不記載問題だけでなく、課税上の重大な問題でもあることを提起するものだ。

キックバックは議員個人の所得であり、申告が必要

前記団体の告発状は、キックバックされた資金は、非課税の政治資金ではなく、議員個人

の所得であり、所得税の脱税にあたる疑いがあると主張している。

東京新聞によれば、国税庁は毎年、「政治資金に係る『雑所得』の計算等の概要」と題する文書を作成し、確定申告前に議員に向けて配布しているそうだ。

文書は、「政党から受けた政治活動費や、個人、後援団体などの政治団体から受けた政治活動のための物品等による寄付などは『雑所得』の収入金額になりますので、所得金額の計算をする必要があります」と、下線を引いて注意を呼びかけているという。

こうした呼びかけがなされるのは、実際には雑所得にあたるにもかかわらず、申告がなされていないケースがあるからだろう。

では、今回問題とされているようなキックバックの裏金は、ここで注意を喚起されている問題に該当するのだろうか？　それに対する国税庁の見解をぜひ聞きたいものだ。

東京新聞の記事では、「提出された確定申告を見て、必要があれば調査する」ということになっているのだが、裏金問題は今年だけの問題ではなく、これまで長年にわたって続いてきた。過去の申告について、国税庁はどのような判断をしたのだろうか？

なぜ政治家だけが税負担を免除されるのか？

本章の3で述べたように、私も、前記市民団体の主張とは若干異なる理由によるが、裏金を議員個人が受けても、その議員が管理する資金管理団体が受けても、課税の対象になるはずだと考えている。

ところで、現行の規定に照らして、キックバック資金をどう扱うべきかは、もちろん重要な問題だ。現実の裁判の過程では、現実の法規を前提として結論を出さなければならない。ただ、問題は、それだけで済むわけではない。現在の規定を所与のものと考えて是認し、それに照らして現実の問題をどう判断するかというだけのことではない。

それと並んで重要なのは、そもそもその規定が正当化できるものかどうかだ。そのレベルの問題として捉えれば、どう考えても政治家だけが特別扱いされていると考えざるをえない。そして、それは納得できない。

国民がこの問題について怒っているのは、政治家が税負担からほとんど逃れてしまっていると考えざるをえないからだ。政治家は、税制を決めるが、自ら税を負担することは少ない。税を負担するのは国民であって、政治家はその例外、という世界になっているとしか思

7　東京新聞「億単位の裏金がバレても『政治資金』で届けたらOK　庶民なら『脱税』なのに…」2024年2月2日

えない。これが、今回の問題の核心だ。

なお、全国商工団体連合会は、2024年2月26日、裏金が所得税の課税対象になりうるとして、党所属の議員に対する税務調査を実施するよう、国税庁に要請書を提出した。

負担の公平がなければ、高齢化社会を乗り切れない

「寡《すくな》きを患《うれ》えずして均《ひと》しからざるを患う」という言葉が論語にある。

これは、負担についても言える。「言える」というより、負担についてこそ、公平が最も重要だ。

今後の日本に即していえば、負担が増えることを憂える余裕はないのである。負担増は、人々が高齢化社会において医療や介護のサービスを受けるために、どうしても必要なことだ。そうした社会においては、負担の公平こそが重要だ。それが確保できなければ、日本は、高齢化社会を生き抜くことはできない。

仮に今回の市民団体による告発に対する最終的な結果が「脱税とは認められない」ということになれば、「政治家だけは特別」ということが確定してしまう。そうなれば、国民の税負担意識は崩壊してしまうだろう。それは、国家の崩壊以外の何物でもない。

5　税への不満が革命を引き起こす。ただし、日本は例外

税への不満が、マグナ＝カルタと名誉革命の原因

歴史上、「市民革命」といわれるものの多くが、税に対する不満を契機として勃発した。その最初のものが、1215年、ジョン王（在位：1199〜1216年）の時代に結ばれたイングランドの「マグナ＝カルタ」である（Magna Carta は、「大憲章」を意味するラテン語）。

ジョン王は、イングランド王ヘンリー2世とアリエノール・ダキテーヌの息子で、十字軍の戦いで勇名を馳せ、「獅子心王（Lionheart）」と呼ばれたリチャード1世の弟だ。[8]「失地王（Lackland）」と呼ばれた。

8　ヘンリー2世は、プランタジネット朝（あるいはアンジュー朝）初代のイングランド王国の国王。イングランドからフランスのピレネー山脈に至る広大な領土を支配した。
余談だが、ヘンリー2世やリチャード1世の日常用語はフランス語で、英語は理解出来なかった。

ジョン王の治世では、重税が課され、封建的な義務が強化された。ジョン王は、対仏戦争や十字軍遠征での戦争資金を調達するために、貴族や教会に対して過度な税金を課し、その徴収方法も厳しかった。これに対して、貴族や教会、そして一般市民からの不満が高まり、強い反対が起こった。

反抗的な貴族たちは、ジョン王に対して武力をもって立ち上がり、テムズ河にある小島ラニーミードの草原で、王にマグナ＝カルタに署名させた。この文書には、王権の制限と法の支配を確立する多くの条項が含まれていた。ジョン王は、執務室に戻ると怒り狂い、興奮のあまり床に倒れたといわれる。

税に関連する重要な条項としては、特に以下の点が挙げられる。

第一に、特別税の制限。王が特別な税を課す際には、貴族の同意が必要とされた。これは、王権による無制限の税徴収を防ぐ「恣意的課税禁止の原則」を定めているので、「租税法律主義」の始まりだとされる。第二に、法的手続きの保証。すべての自由民は、適切な法的手続きなしに逮捕や財産の没収を受けないという保証がなされた。これは、税金や罰金に関連する不当な処罰を制限するものだった。

マグナ＝カルタは、もともとは封建貴族の権利を確認するためのものだが、近代になってから、国民の自由と議会の権利を擁護したものと解釈され、後述する「権利の請願」や「権利の章典」とともに、イギリス憲法の基礎を定める三大法典とされるようになった。

ピューリタン革命（１６４２〜１６５１年）や名誉革命の背後にも、税の問題があった。１６０３年にエリザベス１世が死去し、スコットランド王ジェームズ６世がジェームズ１世として、イングランド・スコットランド共通王となった。彼は王権神授説の熱烈な信奉者で、議会を無視して王権の拡大をはかり、議会の同意なしに税を徴収しようとした。

次のチャールズ１世の治世の初期、特に１６２９年から１６４０年までの「個人統治」期間中、チャールズ１世は議会を解散し、自らの権力を強化しようとした。この時期に彼は、伝統的な税収入源に加えて、さまざまな非伝統的手段（例えば「造船税」など）を用いて資金を調達した。

これらの税徴収方法は、特にピューリタン（清教徒）を含む中産階級や地方のジェントリ（郷紳）からの強い反発を招いた。彼らは、王が議会の同意なしに税を課すことに反対し、これを憲法違反と見なした。

１６４０年、チャールズ１世はスコットランドとの戦争資金を調達するために再び議会を召集したが、これは「長期議会」として知られるようになり、王と議会の間の対立はさらに激化した。議会は王の権力を制限する一連の改革を要求し、1642年にはイングランド内戦へと発展した。

クロムウェルを指導者とする議会派は国王軍を破り、国王に死刑を宣告。1644年、チャールズ1世は斧で首をはねられ、イギリスは共和国となった（ピューリタン革命）。

1688年、議会はオランダ総督ウィレム3世を国王として招いた。彼は英語が分からなかったため国政には口を出さず、議会は翌年「権利の章典」を法律として制定した。この革命は、流血が伴わなかったため、「名誉革命」とよばれる。

■フランス革命：税をめぐる利害対立が革命に

フランス革命（1789〜1799年）の重要な原因として、税をめぐる利害対立がある。革命以前のフランスでは、人口の99％を占めていた農民と商人からなる第三身分が重税に苦しんでいた。税制は非効率で不公平であり、貴族や聖職者は税の免除特権を享受していた。

それに加え、18世紀後半のフランスは、深刻な財政危機に直面していた。フランス王国の財政は、アメリカ独立戦争への介入や王室の贅沢な宮廷生活によって、破綻の瀬戸際にあった。このため、第三身分への課税だけでは立ち行かなくなってきた。

１７８９年、ルイ16世は、財政危機の解決策として、免税特権を持つ第一、第二身分の聖職者や貴族に課税することを決断し、約１７５年ぶりに三部会を召集した。

三部会は、フランスの伝統的な身分制議会で、貴族、聖職者、そして第三身分の三つの身分で構成されていた。

しかし、特権身分から大反対をうけて立ち往生した。そして、第三身分は、投票方法に不満を持ち、自らを「国民議会」と宣言して、憲法制定を求めた。

ヴェルサイユ宮殿に付属する室内球戯場に集まり、憲法を制定すること、国王が国民議会を正式な議会と認めるまで解散しないことを誓った。これが「球戯場の誓い」である。この動きは、バスティーユ牢獄の襲撃（１７８９年7月14日）という象徴的な出来事により、革命へと発展した。

革命はさらに進行し、１７９１年にはフランス初の成文憲法が制定され、立憲君主制が確立された。しかし、内外の反革命勢力との対立は激化し、１７９２年には第一共和政が開始され、ルイ16世は処刑された。

フランス革命は、税をめぐる利害対立が社会的・政治的変革の触媒となった典型例だ。不公平な税制と社会的不平等が国民の間の広範な不満を引き起こし、それが革命的変化を促進したのだ。

課税問題をめぐって国王と特権身分が対立するという当初の構造が、国王と特権身分が団結して国民議会に対立するという構造に変化した。その背景には、「聖職者や貴族は税負担義務から免れているのに、なぜ平民だけが重税を負担するのか」という強い不満があった。事態が革命に発展したのは、税のためなのである。

また、塩税への不満も強かったといわれる。塩は生活必需品なので、昔から多くの国で課税の対象になっていたが、17～18世紀のフランスでも悪名高かった税だ。税負担が重いだけでなく、一定額を超える税収が取立てを請け負う徴収官の収入になったためだ。

「税収請負制度」は、歴史的に多くの国で見られた税収の徴収方法の一つで、請負人は、より多くの利益を得るために、過剰な税金を徴収する傾向があった。このため、民衆に対する過重な負担をもたらし、社会的不満の原因となっていた。

「質量保存の法則」を発見したアントワーヌ・ラボアジエ（1743～1794）は、「近代化学の父」と呼ばれる化学者だが、同時に徴税請負人でもあった。徴税請負で稼いだ金で、実験道具や薬剤などを買ったと言われる。フランス革命が起こると反民衆的右派として捕らえられ、ギロチンにかけられた。

「一部の特権階級が税負担を免れていた」というのは、日本の国会議員の収入の大部分が非課税であるのとそっくりだ。

違いは、日本では、革命が起こらないことである。

課税への反対が、アメリカの独立につながる

「ボストン茶会事件」は、1773年12月16日にアメリカのマサチューセッツ州ボストンで起こった、アメリカ独立戦争の重要な前兆となった政治的抗議行動だ。この事件は、イギリス政府と北米植民地の間の緊張関係を高め、最終的にアメリカ合衆国の独立につながった。

アメリカは、当初はイギリス本国からは比較的自由な立場にあり、自治を認められていた。これを変えたのが、英仏戦争による出費だ。

国庫が窮乏したイギリスは、1760年代から1770年代にかけて、植民地に対して一連の税を導入した。砂糖法（1764年）、印紙法（1765年）が制定された。

これらの税に対して、植民地側は「代表なくして課税なし（No taxation without representation：代表が出ていないところで決定された税金は納める理由がない）」というスローガンのもとに団結して反対運動を展開した。

印紙法は翌年に廃止されたが、紙やガラスに対する輸入税が新設された。

１７７３年に成立した茶法は、東インド会社に茶販売の独占権を与え、イギリス本国での関税を免じ、植民地での消費に課税しようとするものだった。これは、植民地の商人たちを脅かすものだった。

１７７３年に起きたボストン茶会事件は、茶法に対する直接的な抗議行動として発生した。イギリス東インド会社の船がボストン港に到着し、茶を降ろそうとしたとき、サミュエル・アダムズが組織した急進派「自由の息子たち」60名のグループが、行動に出た。彼らはモホーク族のインディアンに扮して港に停泊していた船に乗り込み、「ジョージ３世のお茶会だ」と叫びながら、積荷となっていた茶箱３４２箱を海に投げ捨てた。

この事件は、「ボストン茶会（Boston Tea Party）事件」と呼ばれる。優雅な名称だが、ボストンの街でのんびりとお茶会を催したわけではないのである。

この行動は、イギリス政府による厳しい報復措置を招いた。イギリスはボストン港を封鎖し、ボストンのあるマサチューセッツから自治権を取り上げ、イギリス軍が駐屯するなどの、いわゆる「耐え難い法」を制定した。

このため、本国と植民地の対立がますます深まった。そして、フィラデルフィアなどの港でも同様の事件が起こり、イギリスからの独立を求める気運が急速に高まった。

１７７４年、12の植民地の代表がフィラデルフィアに集まって第1回大陸会議（Continental Congress）を開催、ボストン港の閉鎖やマサチューセッツの自治権剝奪などに抗議を行なった。そして、１７７６年7月4日、大陸会議は独立宣言を公布したのである。

このように、税に対する人々の不満が、革命をもたらした。

仮に日本人がいまの裏金問題をうやむやに終わらせたとしたら、将来、歴史の教科書には次のように書かれることになるだろう。

「革命の多くは税に対する国民の不満から生じた。ただし、２０２４年における日本は例外であった」

6 税制の改革に成功したローマ帝国のアウグストゥス

必要な増税をしない日本の首相

第2章で詳しく述べるように、岸田首相は増税しなければならない状況にあるにもかかわらず、そこから逃げ回って、「ごまかし」としか言いようのない政権運営を行なっている。

防衛費は、「増税が必要」との方針を閣議決定したにもかかわらず、現在に至るまで、具体的な増税案を出していない。少子化対策では、手当を増額することは決めたが、「負担なしでそれらを実現できる」と、不思議なことを言っている。負担なしで新しい施策をできるはずはないのだが……。

もっとも重要なのは、高齢化社会に対する準備を怠っていることだ。日本でこれから高齢化が進行し、社会保障支出が増えるのは明らかだ。それに対して、何の財源措置も行なっていない。

必要な財源措置をしないだけではない。2023年11月には、突然、所得税の減税を打ち出して、批判の対象となった。

■パックス・ロマーナの基礎：ローマ税制を作った人

岸田首相とは正反対の政策を行なった人がいる。人々の抵抗を排して増税を行ない、その後数百年にわたって続いた国の基礎を築いた人だ。

それは、最初のローマ帝国皇帝となったアウグストゥスだ（正式な名は、ガイウス・ユリウス・カエサル・オクタヴィアヌス・アウグストゥス。紀元前63〜紀元14）。

彼は、それまで約100年続いたローマ共和国の内乱に終止符を打ち、戦争国家であったローマを、平和国家に移行させた。そして、約200年間にわたる「パックス・ロマーナ（ローマの平和、または、ローマによる平和）」の時代を実現した。

これを実現するには、国のさまざまな構造を変える必要がある。その一つに、退役軍人に対する手当があった。それまでは、戦争で領土を広げ、そこに獲得した土地を与えることで退役軍人に対する手当にしていたのだが、平和国家になって領土が拡大しなくなれば、新しい土地は得られない。平和国家に転換するには、退役兵士への給付のための恒久的な財源が必要だ。では、何に財源を求めるか？

これは、日本で、退職後の高齢者に対する社会保障給付が必要である状況と似ている。

ところが、ローマの場合には、増税しようとしても、現代社会のような仕組みがないので難しい。例えば、所得税を徴収するには人々の所得を把握する必要があるが、それは、当時の社会では不可能だった。法人税を課そうとしても、そもそも法人が存在しない。

そこでアウグストゥスが考え出したのが、相続税を創設して、兵士の退役給付金のための目的税とすることだった。

我々の感覚だと、相続税で十分な税収入が得られるのだろうかと疑問に思うのだが、当時のローマでは、不思議なことに相続が頻繁に行われていた。とくに、子供のない人が血縁関係のない人に遺産を出すことが、ごく普通に行われていた。

ギボンによれば、当時のローマには、実子のいない金持ち老人が追従者に遺産を残す場合が多く、「ローマは、遺産狩りとその獲物とに二分された。……夥しい数の途方もないひどい遺言状が、毎日のように奸智の指示で作られ、痴愚によって裏書きされた」と言われる状況だった。[9]

だから、赤の他人や遠い親戚から思わぬ財産が転がり込むのは、普通のことだったのである。雄弁家・哲学者で不正の弾劾者、自由の擁護者のキケロも、巨額の遺贈を受け取ったそうだ。

そこで、これに対して課税をしようというのがアウグストゥスの考えだ。

ただし、当然のことながら、これに対しては、貴族たちから強い反対が起こった。しかし、アウグストゥスは冷静に対処した。一切を元老院の協議に移すとともに、何とか国の経費を支えてくれるよう、率直に要請した。賛否を決めかねた元老院に対して、アウグストゥスは、「相続税にどうしても反対なら、新しく地租と人頭税を課すしかない」と匂わせた。

結局、元老院は承諾せざるをえなかった。

■徴税請負制度を廃止

税についてアウグストゥスが行なったもう一つの改革は、徴税制度の改革だ。

ローマの税の中心は、「十分の一税」と呼ばれるもので、属州民に課されていた。これは、穀物の収穫量などの10分の１を徴収する税だ。

9　エドワード・ギボン『ローマ帝国衰亡史』（ちくま学芸文庫）

ここで次の2点に注意する必要がある。第一に、10分の1は収穫量に対する比率なので、利益に対する比率で言えば、負担率はずっと高くなる。これは、決して軽い負担の税ではなかった。

第二に、ローマ市民は、この税を免除されており、税負担は、もっぱら属州の住民に課されていた。「属州（プロヴィンキア）」とは、ローマが征服活動によって獲得したイタリア半島外の領土。ローマは、巨大な軍事力で周辺の地域を征服し、そこに重い税をかけて搾取するという軍事国家だったのだ。

アウグストゥスが改革したのは、十分の一税の徴収法だ。それまでの徴税は、徴税請負人（プブリカヌス）が行なっていた。この制度は、英語では「タックス・ファーミング（Tax Farming）」と呼ばれる。

徴税請負人は、競争入札で選ばれる。請負人になることを希望する者が、作物の収穫に先立って、納税する額を国に提示する。最高額を提示した者が請負人に任命される。任命されたのは、騎士階級（エクイテス）と言われる経済に詳しい人々だ。

徴税請負人は、収穫前に国家に税額を納入する。これは次の2つのことを意味する。

第一に、収穫までの期間の利子に相当する部分を請負人が負担する。もちろん、請負人は、それに相当するだけ余計に徴収を行う。

第二に、国は、契約しただけの税収を必ず得られる。穀物の収穫は天候等によって影響を受けるから、最初に見積もっただけの収穫が実際には得られないこともある。それでも契約額だけの税を国家に納めるのだから、そのリスクは、請負人が負うわけだ。そのリスクを補うために、徴税請負人の利益が大きくなっても、やむを得ない。

ただし、この制度は悪用されやすい。とくに、属州総督の権力と軍事力を後ろ盾にして、あくどいビジネスを行なった例が多数あった。

例えば、紀元前71年に属州シチリアで徴税請負人が結んだ小麦の十分の一税の契約は、属州の人々から54万モディィエを徴収し、国に約22万モディィエを納付するというものだった（モディィエは、量の単位）。その他、リベートなども加えると、約39万モディィエが請負ビジネスの利益になった。これは莫大な利益だ。[10]「決められた額を納めれば、残りは自分の懐に入る」と聞くと、どこかの国で最近問題になっているキックバック裏金事件とそっくりの仕組みだと、唸《うな》ってしまう。人間がやることは、2000年経っても変わらないものだ……。

10　吉村忠典『古代ローマ帝国』（岩波新書）

徴税請負人は、しばしば属州総督と結託して、過大な徴税を行なった。これは、属州総督の大きな既得権となっていた。アウグストゥスは、こうした状態にメスを入れて彼らの既得権を奪い、国が徴収することとしたのである。

徴税請負人は、人々の恨みの対象となった。イエス・キリストは、徴税人と食事を共にしたというだけで批判された。「パリサイ人はこれを見て弟子たちに言ふ『なにゆえ、なんぢらの師は、取税人・罪人らとともに食するか』」（『マタイによる福音書』9：9〜13）。

実は、マタイ自身が徴税請負人だった。「イエスここより進みて、マタイという人の収税所に座したるを見て、『我に従へ』といい給へば、立ちて従えり」と記されている。イエスはアウグストゥスの死後の人だから、アウグストゥスの改革後もユダヤには徴税請負人が残っていたことになる。

十分の一税や徴税請負がもっと長期にわたって残った地域もある。とりわけ、オスマン帝国やブルボン朝がそうだった。本章の2で述べたように、フランス革命は、請負人の残酷さが一つの原因となって起こった。

■アウグストゥスはローマ市民にはじめて負担を求めた

ギボンの『ローマ帝国衰亡史』によれば、関税と物品税もアウグストゥスが創設した。ローマ市民はそれまで1世紀半以上にわたり、一切の課金を免れていたのだが、ここに至って彼らの資産は、実に巧妙な評価査定を経て課税を受けることになったと、ギボンは述べている。

ギボンによれば、アウグストゥスが統治を始めたころ、属州からの潤沢な貢納金は、ローマの財政需要を満たすのに十分だ。軍の任務も国境線警備が主だったので、さほどの財政負担にはならなかった。つまり、ローマ帝国は財政的に余裕があった。

それにもかかわらず、アウグストゥスは、統治実権を握るや否や、財政収入の必要性を説き、公平な国民負担の必要性を力説したのだ。

「現在は財政に余裕があっても、将来は足りなくなる」と見通していたからだ。そして、負担増という不人気きわまりない計画を、慎重な配慮をもって推し進めていった。

改革は既得権との闘い

パックス・ロマーナは、戦争を停止するだけでは実現できない。それを裏付ける経済的改革が必要だ。

アウグストゥスは、それまでの空間的なフロンティアの拡大が限界に来たことを知り、それに代わる新しいフロンティアを作ろうとしたのだ。

ただし、そのための改革は、従来の体制から利益を受けていた人々の反発を受けた。改革は、必ず社会的な抵抗を受けるのである。

彼が闘ったのは、元老院の保守貴族だけではなかった。アウグストゥスが直面した最大の抵抗者は、それまで税を一切負担していなかったローマ市民だったのだ。そして、アウグストゥスは、自分の生涯を越えた未来のことを考えた。

それに対して、日本の政治家たちは、次の選挙までは見通しているが、その先は見ていない。古代ローマに数百年先を見通せる政治家がいたのと比べると、何たる違いだろう。

300年間続いた平和国家の基礎を構築した

ローマ帝国で、税負担の重さを理由にして起こった反乱はない。税を原因とする革命を引き起こさなかったという意味で、ローマの税制は成功であった。

アウグストゥスが作った税制は、少なくとも約200年間、長く見れば約300年間続いた。

これは、日本で言えば、江戸時代の税制がいまだに残っているようなものである。アウグストゥスがいかに堅固な国家の基礎を作ったかが分かる。

アウグストゥスは、平和国家のビジネスモデル構築という大問題に挑み、いくつもの制度改革を行なった。それらは、数百年先を見据えた制度だった。

そして、単に構想しただけでなく、さまざまな利害関係を調整して、実際に導入した。まさに「神の技」と言わざるを得ない。

アウグストゥスを呼ぶのに、しばしば「神君」という言葉が用いられる。ギボンも『ローマ国衰亡史』の中で、この言葉を用いている。

ロストフツェフが『ローマ帝国社会経済史』（東洋経済新報社）で言うには、帝国全域の国民大衆に皇帝アウグストゥスが卓越した人気をもっていたことには、なんの疑いもない。[11]彼らにとって、アウグストゥスは真に超人、より高い存在、救済者、平和と繁栄をもたらす者であったのだ。

11　ロストフツェフ『ローマ帝国社会経済史』（東洋経済新報社）

■アグリッパ、マエケナスとの友情

税の問題と直接の関係はないのだが、私は、アウグストゥスが、アグリッパとマエケナスという生涯の友人を得たことを、心の底からうらやましいと思う。この2人は、アウグストゥスがローマ帝国を統治する上での重要な支柱だった。

マルクス・ヴィプサニウス・アグリッパは、アウグストゥスの軍事的な成果に大きく貢献した。アウグストゥスの軍事上の成果の多くが、アグリッパによるものだ。

アグリッパは、また、ローマの都市計画やインフラストラクチャーの整備に大きく貢献した。特に水道橋の建設や修復、公共浴場の建設などを行なった。

ガイウス・マエケナスはアウグストゥスの政治的な顧問であり、特に文化や芸術の分野で影響力を持っていた。また、秘密裏の交渉の折衝役を担当した。彼自身は主要な役職につくことはなく、黒子役に徹した場合が多かった。

彼ら3人は、しばしば同じ執務室で仕事をし、議論を戦わせた。その議論から新しい国家が誕生し、成長していくのを見るのは、何とすばらしいことだっただろう。

第1章のまとめ

1. 自民党のパーティー券キックバック問題は、政治資金規制法が課す政治資金収支報告書記載義務違反の問題とされている。しかし、これは、脱税問題として捉えるべきではないか？　国民の怒りは、その点に向けて爆発している。

2. 政治資金を非課税とする理由は、薄弱だ。パーティー券収入が非課税なのがおかしい。国会議員の収入には、非課税のものが多すぎる。

3. パーティー券収入が非課税でも、使途自由のキックバックは課税収入のはずだ。それにもかかわらず、これが脱税問題とされないのは、まったく理解できない。うやむやのままに終われば、税制に対する国民の信頼が崩壊するだろう。

4. 自民党裏金問題は、納税義務において、政治家が一般国民と別扱いされていることを明らかにした。国民の怒りは、その点に向けられている。高齢化社会で負担が増すことは避けられないが、負担の公平が確保されていなければ、それを乗り切ることはできない。

5. フランス革命もアメリカ独立戦争も、税に対する不満が原因で起きた。今回の裏金事件がうやむやのうちに終われば、「ただし日本は例外」と注記しなければならなくなる。

6．アウグストゥスが作った優れた税制のために、ローマ帝国は、革命によって滅びることはなかった。

第2章

気がつけば、いつの間にやら負担増

1 「税」が「今年の漢字」になった理由

税について奇妙な政策が横行し始めた

２０２３年の「今年の漢字」は、「税」になった。大増税が行なわれたわけでもないのに、なぜだろう？

政府税制調査会が、通勤手当の非課税措置や退職控除の検討が必要との答申を２０２３年6月30日に発表した。また、防衛費増額の財源として増税が必要とされていた。こうしたことを受けて、ＳＮＳなどで、岸田文雄首相が「増税メガネ」と揶揄《やゆ》されたからだろうか？　しかし、岸田内閣は、増税を実行したわけではない。むしろ、増税が必要なのに、先送りにしている。

それだけではない。少子化対策が行なわれることになったが、その財源としての増税もされていない。つまり、岸田首相は、増税から逃げ回っているわけだ。だから、「増税メガネ」

という表現は適切ではないと思う。

２０２３年の10月から消費税にインボイスが導入され、話題になったことが理由だろうか？　しかし、これは、事業者以外の人には、直接の関係はない。

では、今年の漢字が「税」になった理由は、所得税減税が唐突に提案されたからだろうか？　増税が必要な状況下で減税を提案するのでは、いかにも辻褄《つじつま》が合わないので、批判の対象になった。「税についての奇妙な政策が横行し始めた」というので、税に対する関心が高まったのだろうか？

税が「今年の漢字」になった理由としてもう一つ考えられるのは、自民党の安倍派などでのパーティー券キックバック裏金問題だ。もちろん、これが表沙汰になって人々の注目を集めたのは、２０２３年の暮れになってからであり、「今年の漢字」選定より後のことだ。しかし、「政治家に対する課税があまりに甘い」とは、それまでも多くの人が、漠然とではあるが、感じていたことだ。そうした不満は、巨大なマグマのように、日本社会に存在していたと思われる。

■われわれの生活は、税と社会保険料でがんじがらめ

このように、なぜ「税」が今年の漢字になったのか、決定的な理由は分からない。ただ、理由はともかくとして、税が今年の漢字に選ばれたのは良いことだと、私は思う。これをきっかけに、税に対する国民の関心がさらに高まることが期待されるからだ。そして、さまざまな立場からの意見が表明されるようになると期待されるからだ。

税に関して、「何かおかしい」という不満と、「このままで大丈夫なのだろうか」という将来に対する不安が強まっている。これは、無視できない重大な問題だ。

税と言えば、まず所得税や法人税、消費税が頭に浮かぶ。国税では、その他にガソリン税等の個別間接税がある。また、地方税である住民税や固定資産税等もある（詳細は、第3章を参照）。このように列挙してみると、われわれの生活は、税でがんじがらめになっていることが分かる。

それだけではない。社会保険料も税と似たものだ。まず、公的年金の保険料や医療保険や介護保険の保険料がある。また雇用保険の保険料もあり、かなり重い負担になっている。「私は年金はいらないから保険料を払わない」というわけにはいかない。これらの公的保険

は、加入が強制されている。だから、社会保険料は税と同じような性格のものだと言える。税との違いは、保険料は一般的な目的に使われるのではなく、将来の給付のために使われるという点だ。

■日本の国民負担率は50％に近づいている

税と社会保険料の合計の国民所得に対する比率を「国民負担率」という。日本では、この値がすでに50％に近づいている（正確には、2023年度で46・8％…なお、「国民負担率」については、第4章の1を参照）。

江戸時代の年貢率が過酷であったことを表すのに「五公五民」という表現が使われた。徳川家康が「郷村百姓共をば、死なぬ様生きぬ様に」といったように、五公五民では農民の生活は苦しかった。

国民負担率と五公五民とでは計算の方法が違うので単純に比較はできないのだが、日本の負担率が上昇していることは間違いない。

ただし、江戸時代の農民が搾取《さくしゅ》されるだけだったのに対して、現在の日本国民は、高い負担率に見合った国のサービスや社会保障の給付を受けている。だから、国民負担率が高いのは、必ずしも悪いことではない。実際、ヨーロッパでは国民負担率が50％を超えている国が多い。日本も、高齢化の進展によって、今後、国民負担率は上昇するだろう[1]。

ただ、将来も確実にサービスを受けられればよいのだが、実際には、それに関して不安要因がある。とりわけ、人手不足のために、医療や介護で必要なリービスが受けられるかどうか分からない。２０２３年には介護人材が減少した[2]。

原則が平気で無視される

負担に関するもう一つの問題は、医療保険や介護保険での自己負担が増えていくことだ。自己負担の増加は目につきにくい形で生じる。それだけでなく、定義によって、国民負担には含まれない。このため、安易な財源として乱用される危険がある。

医療費については、すでに２０２２年度から、２割負担者の範囲が拡大されている。２０２３年には、介護保険の自己負担の増加も提案された（ただし、まだ実現していない）。今後も、自己負担が増えていく可能性がある。このままいけば、無原則に負担が増える危険がある。これは、決して無視し得ない動きだ。

▨ステルス負担増：いつの間にか負担が増加

事実、少子化対策予算について、無原則負担の問題が発生している。

岸田首相は、「負担の増加なしに少子化対策が実現できる」とし、医療保険制度に「子育て支援金」という制度を新設した。では、どうやってこれを賄うのか？

保険料率を引き上げれば、国民負担が増えてしまう。だから、保険料は引き上げない。

そこで、2024年度予算の編成過程で、診療報酬を減額することを提案したのだが、医師会の強い反対に遭って、逆に増額せざるをえなくなった。薬価を減額したものの、医療費の削減は、わずか0・8％にとどまった。

保険料も引き上げず、歳出の削減もせずに、新しい支援金が生み出された。手品のようなことが行なわれたわけだ。どこかで負担が増えないかぎり、辻褄が合わない。

この問題は極めて複雑なのだが、無から有は生まれないのだから、どこかで負担が増えるに違いない。訳の分からないうちに、負担が増えてしまう。これは、「ステルス負担増」と

1　これについての詳しい議論は、第4章の1を参照。
2　これについての詳しい議論は、第7章の3を参照。

言える状況だ。この詳しい内容は本章の2で論じるが、似たような方式による負担増が、今後ますます増えるのではないかと、国民は心配するようになった。

今年の漢字に「税」が選ばれたのは、このような心配が根底にあるからではないだろうか？

2 おかしな政策がまかり通る末期的状況

■防衛費増額は、実際には赤字国債で賄われる

防衛費の増額や少子化対策などで、財政需要が増えている。しかし、そのための本格的な財源手当をどうするかについての議論は、ほとんど進んでいない。

防衛関係費は、２０２３年度から5年間の総額を、現行5年間の１・６倍とし、43兆円程度とすることが、２０２２年12月16日に閣議決定されている。その財源として国債に頼らないことも、決まっている。したがって、恒久的な増税措置が必要になるわけだ。

このような基本方針が決まっているにもかかわらず、恒久財源を何にするかが、いまだに決まっていない。

政府・与党の方針では、このための増税措置を２０２４年度税制改革では行なわない。関連法案も２０２４年度の通常国会には提出しない。つまり恒久的な財源を確保しない不安定

な状態が続くことになるわけだ。

財源措置としては、毎年度の決算剰余金の活用や、税外収入等を充てる防衛力強化基金の設立が決まっている。

しかし、税外収入や剰余金（正確には、そのうち国債の償還に充てることとされている分以外）は、すでにさまざまな用途に使われている。防衛費がそれを先取りしてしまうことになれば、他の施策の財源は減ってしまう。その分は、国債で賄わなければならない。

これは、実質的には赤字国債の増発による資金調達であるにもかかわらず、それを分かりにくくしているだけのことだ。

財源問題がこれほど軽々しく扱われるのは、国家の土台が腐ってきているからだとしか考えられない。

法人税の増税を検討すべきだ

防衛費のために増税を考える際に、法人税の増税が検討されるべきだと私は考える。

法人税を増税すると日本企業の国際競争力が落ちるから、企業活動を活性化するために法人税率の引き下げが必要という意見が一般的だ。しかし、この考えは間違っている。

企業は、賃金や資金調達コストを所与として、利益を最大化するように労働や資本の調達量を決める。法人税は、その結果として決まる利益に対して課されるので、労働や資本の調達量には影響を与えない。つまり、法人税は、企業の活動に中立的だ。税引き後利益を減らして内部留保を減らすだけであり、経済活動にマイナスの影響を与えることはない（これに対して、本章の3で述べる賃上げ税制は、中立的でない）。

現在の日本では、企業が利益を増大させ、それを内部留保という形で貯蓄して、支出に回っていない。法人税の増税は内部留保を減少させるだけだから、企業の競争力には影響はないはずだ。

公的負担のうち法人のコストとなるのは、利益の有無に関係なく課される社会保険料負担である。これは、額でも、いまや法人税負担より大きい。日本企業の国際競争力を問題にするのなら、社会保険料負担を問題にすべきだ。

社会保険料と税の混同

もう一つの問題は、少子化対策予算だ。

岸田内閣は「異次元の少子化対策」として、次の施策を進める。第一に、児童手当の拡充として、所得制限を撤廃し、高校生まで支給する。第二に、第三子以上を扶養する世帯の大学授業料などを無償化する。事業費の総額は、年3・6兆円程度だ。

このための財源は、社会保障の歳出削減によって賄うが、それに加え、医療保険からの支援金（こども・子育て支援給付）を増設する（支援金は1兆円。歳出改革が1・1兆円、既定予算の活用が1・5兆円）。

これは全く正当化することができない措置だ。

そもそも医療保険は、医療費支出に対するための保険の仕組みだ。したがって、医療保険料はその目的にしか使えないのは自明のことだ。それをどうして他の施策に転用できるのか、正当化できる理由が全くない。

医療保険の場合には、その使途は、医療費に限定されるべきだ。しかも、後述のように、今後高齢化の進展に伴って、社会保険の財政自体がひっ迫《ぱく》することは不可避だ。それを少子化対策に使おうというのは、全く筋違いと考えざるをえない。医療費の財源を他の目的に流用することなど、どんな理由を持ち出しても正当化できない。

ただし、これについては、公的年金保険料の一部を、すでに少子化対策予算に利用しているという事情がある（「こども・子育て拠出金」が、厚生年金とともに徴収されている）。これは誠におかしな制度だが、強い批判を浴びることなく存続している。「それと同じことだ」と言われれば、返す言葉がない。

いったん原理が崩されれば、連鎖反応で規律の崩壊が進んでしまう。実際、同様の措置が他でも考えられている。例えば、リスキリングに対する補助金の財源に、雇用保険料の利用が考えられている。

高齢化の進展に伴って、今後も年金、医療、介護などの給付が増えることは避けられない。これに伴って、一般会計の社会保障費も増える。したがって、増税が必要だ。そのためにどのような税制改革が必要かを考えなければならない。これは、岸田政権が解決しなければならない、最重要で喫緊《きっきん》の課題だ。

なお、「社会保障の歳出削減」で考えられている内容は、医療・介護保険で３割負担者の対象を拡大することだ。つまり、自己負担の引き上げだ。要するに、医療保険・介護保険での負担を増加することによって、財源を調達しようというのである。

なお、岸田首相は、２０２４年２月６日の衆院予算委員会で、支援金の負担は、加入者一人当たり月平均５００円弱だとした。

3　どんな観点からも正当化できない所得税減税

■何のためか分からない所得税減税

以上のように必要な財源措置がなされていない一方で、何のためか分からない減税が行なわれようとしている。

それは、所得税の減税だ。岸田文雄首相は、2023年10月20日、所得税減税を検討するよう、与党の幹部に指示した。これは問題だらけの政策であり、日本政府の政策構想力がここまで低下したかと、暗澹たる気持ちになる。

問題の第一は、減税の目的が何なのかが、はっきりしないことだ。第二は、税に関する問題があまりに軽々しく扱われていることだ。

今回の所得税減税は、税収増を国民に還元するのが目的だとされている。萩生田《はぎうだ》光一自民党政調会長（当時）は、「近年の税収増を国民にお返しするというのが大きな目的だ」と述べた。

しかし、「税収が見込みより増えたら納税者に返す」というのは、そもそもおかしな発想だ。税収が見込みより少なくなった場合には国債を発行して穴埋めする。だから、見込みより多くなれば、国債を償還しなければならない。

この数年間、政府は補正予算において、巨額の国債を発行し、追加歳出の財源とした。もし、「税収が増えたら納税者に返す」という基本方針を取るのであれば、追加歳出が生じたときには、国債を発行するのではなく、臨時増税で賄わなくてはいけないことになる。

不足した場合には国債を発行し、余った場合には納税者に返すというのでは、整合的な政策になり得ない。その結果、財政赤字は傾向として増加する。

実際、日本の制度では、歳入歳出の差額である剰余金は、翌年度に繰り越して使用する金額や地方交付税等の清算に充てる金額を除いた額のうち、2分の1以上の金額を翌々年度までに公債等の償還のための財源に充てることとなっている。これは、長期的な財政均衡を実現するために、当然必要とされる制度だ。仮に、足りないときは国債を発行し、余ったら返すということにすれば、財政赤字は傾向的に増加して、財政は破綻してしまう。こんなことは、小学生でも理解できる。

そうした制度があるにもかかわらず、なぜ「見込みより多いから還元する」という発想が出てくるのか、全く理解できない。

それだけではない。国会の討議で、「なぜ所得税減税であって、消費税減税ではないのか?」と問われて、岸田首相は、「消費税は将来の社会保障費の財源になるから」と答えた。「消費税の税収はすべて社会保障費に充てる」とされているのは、事実だ。しかし、これは、消費税だけで社会保障費を賄うという意味ではない。

所得税は社会保障の財源にならないのかといえば、もちろん、そんなことはない。だから、社会関係費の財源になっているという点で、全く違いはない。このような奇妙な答弁が見過ごされてしまうのは、驚くべきことだ。あまりに基本的な問題について、あまりにおかしなことがまかり通っている。

また、今回の施策では、減税だけだと非課税世帯には恩恵が及ばないため、所得税の非課税世帯にも還元することになっている。しかし、税金を納めていない人に税金を返すというのは、論理的にありえないことだ。

誤解のないように付言するが、私は、非課税世帯に対する手当が不要だと言っているのではない。非課税世帯に対する給付を行なうのであれば、税収増による還元という理由づけはそもそもおかしいのではないかと指摘しているのだ。つまり、「税収増による還元というが、本当の目的は別のところにあるに違いない」と言っているのである。

■物価対策ならまず円安是正を

では、今回の所得税減税は、物価高騰に対する家計の負担増に対処するためのものなのか？

首相は、急激な物価上昇から国民生活を守ることも目的であるとしている。確かに、そのように理由をつければ、（所得税）非課税世帯に還元することも説明がつくだろう。

しかし、物価高騰に対処する必要があるのなら、まず物価高騰の原因に対処しなければならない。今回の物価高騰は円安によって生じている。だから、もし物価高騰への対処が必要なら、何より先に為替レートを円高に導かなければならない。

ところが、政府はそのような政策をとっていない。為替レートは水準が問題ではなく、変動率が問題だという立場だ。したがって、ここでも政府の政策は矛盾している。

人気取りにもならない

では、所得税減税は、人気取りだけを目的にした政策なのか？　今回の指示が２０２３年10月22日の衆参補選の直前に行なわれたことから、露骨な人気取り政策だという見方が多い。

しかし実際には、人気取りにもなっていないのではないだろうか？　仮に人気取りが目的なのであれば、コロナ禍で行なったような直接的な現金給付を実施するほうが効果はあるだろう。

ここでも誤解のないように付言するが、私は、現金給付が望ましいと言っているのではない。人気取りのためなら、そのほうが効率が良いという意味である。

なぜなら、減税は早くても行なわれるのが２０２４年になるので、当面の人気取りにはならない。しかも、所得税納税者の多くは源泉徴収されているために、恩恵を感じにくい。

それだけではない。所得税減税政策はあまりにもおかしな政策であるために、発表後、批判は続いたが、支持する声は、自民党の内部以外からは出てこなかった。誰にも支持されない政策が人気取りとなるはずはない。

私は、人気取りのために税や歳出が用いられるのは望ましくないと考えている。しかし、政治家がそのようなことを行なうという事実は、認めざるをえない。その観点からしても効果のない政策を取るというのでは、発案者の能力を疑わざるを得ない。本節の最初で政権担当者の政策構想力について触れたのは、このためだ。

なお、国際通貨基金（ＩＭＦ）は、２０２４年2月9日、日本経済に関する年次審査後の声明で、所得税減税を、「債務状況を悪化させる一方で、成長への影響は限定的だ」と評価した。

▒非課税世帯への給付は、大変な事務負担

以上では、所得税減税策が正当化されない政策であることを述べた。仮に何らかの理由で所得税減税が正当化できるとしても、なおかつ問題がある。それは事務負担だ。

前述のように所得税減税ではすべての国民が恩恵を受けることにはならないから、所得税非課税世帯に対する給付金が必要になる。ここで問題は、非課税世帯をどのように特定するかだ。

税務署では、非課税世帯に対するデータを持っていないので、この特定には、住民税のデ

ータを持っている地方公共団体によらざるを得ない。

原理的には、そのデータで2023年の所得税の課税世帯か非課税世帯かが判別できる。しかし、これは大変な作業になるだろう。2020年の定額給付金の際には、多くの公共団体で混乱が発生した。今回も同様の問題が発生する危険がある。

■やるべきことは山ほどある

所得税減税に対する最も大きな疑問は、政府が税制に関して行なうべきことが山ほどあるのに、なぜ所得税減税を行なうのかということだ。

すでに前節で指摘したとおり、第一に、防衛関係費と子育て支援予算に対する恒久的な財源手当がなされていない。

岸田首相は防衛費増額に対して増税で財源手当をする方針を立てたために、増税派として批判されている。確かにそのような基本方針は立てた。しかし、実際には、増税は行なっていない。いまなされている財源手当は、事実上の赤字国債増発を見えにくくしただけのことだ。

第二に、社会保障負担の問題がある。今回考えられているのは1年限りの減税であるから、社会保障負担のような長期的問題には影響を与えないと考えられるかもしれない。しかし、社会保障負担の問題は、いますぐにでも検討を始めなければならない重要な課題だ。

とくに２０２４年は公的年金財政検証の年であることから、本来はこの問題についての検討が行なわれるべきだ。しかし、所得税減税を行なっているような状況では、社会保障負担についてまともな議論が行なわれるとは思えない。その意味では日本の財政の長期的な方向づけにも大きな影響を与えるだろう。

■所得税制度の改革が急務

所得税制の見直しも重要な課題だ。政府の財政調査会は、２０２３年6月30日にまとめた中期答申で、通勤手当等の非課税所得や退職金の税控除などについて、検討の必要があるとした。いずれも重要な指摘だと思う。

日本の所得税には、これ以外にも課題がある。とくに大きな課題は、現在は分離課税が選択可能な金融資産からの所得を総合課税化することだ。また、給与所得とフリーランサーの税制上のアンバランスを是正する必要がある。給与所得の場合には、経費を積み上げ計算しなくとも、給与所得控除という概算控除が認められるが、フリーランサーの所得には、給与所得のような概算控除はない。これは、組織に依存しない新しい働き方を実現していくうえで、大きな障害になっている（こうした問題は、第8章と第9章で論じる）。

政府は、こうした問題をこそ検討しなければならない。所得税の減税などと言っている場合ではないことを、明確に認識すべきだ。

■効果のない賃上げ税制

2024年度には、賃上げ税制が拡充されることになっている。

この制度は、従来から存続するものだが、これまでほとんど利用されてこなかった。利用されない理由として指摘されていたのは、赤字法人に対しては、何の効果もないことだ。そうした批判を受けて、今回は、控除分を5年繰り越して、黒字になったときに減税できることとした。

しかし、こうした仕組みで本当に賃金が上がるだろうか？　まず、控除の繰り越しを認めたところで、ほとんど効果はないだろう。なぜなら、中小企業の赤字の大部分は、たまたまある年度に売上が落ち込む等の理由で発生するものではなく、恒常的・構造的なものであるからだ。

もう一つの理由は、社会保険料負担の問題だ。企業が賃金を上げれば、企業の社会保険料負担も増えてしまう。それに対しては、何の手当もなされない。だから、採算にあわず、企業は賃上げに消極的になるはずだ。

さらに重要な問題がある。それは、仮にこの措置によって企業が賃上げをしたとしても、それは経済的合理性に合わない過剰な賃上げになることだ。なぜなら、減税によって、企業の利益最大化決定が攪乱《かくらん》されることになるからである。

賃金を上げるためには、生産性（労働者一人あたりの付加価値）を引き上げることしか方策はない。

政府が行なうべきは、企業の生産性向上に必要な条件を整えることだ。それを行なわずに、賃上げ税制のようなことを行なう。しかも、政府の賃上げ施策の代表として、これが取り上げられている。日本の経済政策は、救いようのない状態になっている。

▩国民は、安心して老後が過ごせる社会の設計図を求めている

少子高齢化がこれからますます進展することは明らかだ。そうした中で、将来の社会保障制度の維持可能性について、多くの国民が危機感を抱いている。いま政府が行なうべき最重

要事項は、すべての国民が安心して老後生活を送れることを国が保証することだ。しかし、現状はそれとは程遠い。

さらに、本来は増加しなければならない介護従事者数が減少している。こうしたニュースを聞くと、近い将来に介護保険制度が破綻し、介護が必要になっても受けられないのではないか、という不安が決して杞憂《きゆう》とは思えなくなってくる。

岸田内閣は、政治資金裏金問題への対応で手一杯で、社会保障制度や税制の基本問題など、とても考える余裕はないのかもしれない。そうだとすれば、日本という国の土台は、音をたてて崩れ始めていることになる。

第2章のまとめ

1. 負担なしで支出を増やすことはできないはずなのに、少子化対策は、「実質国民負担増なし」と説明されている。「税」が2023年の「今年の漢字」に選ばれたのは、知らないうちに巧妙《こうみょう》な方法で負担が増加するのではないかという、漠然たる不安が広がっているからだろう。

2. 課題は山積みだ。まず、防衛費増額の財源手当ができていない。また、少子化対策の本格的な財源手当もできていない。これらに対しては、「ごまかし」としか言いようのない措置しかなされていない。

3. 必要な増税が行なわれないまま、おかしな政策がまかり通っている。岸田首相の唐突な所得税減税指示が、人気取り政策として批判を浴びている。しかし問題は、人気取りだという以上に深刻だ。この政策は、どんな観点から見ても正当化できない。最大の問題は、山積する課題を放置していることだ。

第3章

税と社会保障の制度を概観する

1　日本の税制はどうなっているか

所得税などの国税

日本の財政は、国と地方の財政から成り立っている。税にも、国税と地方税がある。地方税は、都道府県や市町村が徴収する税だ。公的負担として、税の他に社会保険料がある。

国の歳入には、主に以下のものが含まれる。これらの収入は、揮発油税を除き、国の一般会計に組み入れられ、社会保障、教育、国防などさまざまな公共サービスの資金源として使用される。揮発油税は、道路整備の特定財源だ[1]。

- 所得税…個人の所得に対して課される税（2023年度当初予算で21・0兆円）。
- 法人税…企業の利益に対して課される税（同14・6兆円）。

・消費税…商品やサービスの購入時に課される税（同23・４兆円）。
・その他の税…揮発油税、相続税、贈与税、酒税など、特定の商品やサービス、または特定の行為に対して課される税がある。
・税外収入…国が行なう事業や資産運用からの収入、罰金や手数料などが含まれる。
・公債金…国債の発行によって得られる資金（同35・６兆円）。

■住民税などの地方税

主な地方税には、以下のものがある。

・固定資産税…土地や建物などの不動産に対して課される税。
・個人住民税…個人の所得に基づいて課される税。住民税は、個人所得に原則10％（所得割）を課す。
・法人住民税…企業の事業所所在地に基づいて課される税。

1　財務省「『税』の現状を知ろう」

・軽自動車税…軽自動車を所有する個人や法人に対して課される税。
・事業税…事業で得られる収益に対して課される税。

▒医療保険料などの社会保険料

社会保険料は、税金ではないが、社会保障制度を支えるために重要な役割を果たしている。

これには、年金保険料、医療保険料（健康保険料と呼ばれることもある）、介護保険料（40歳以上の被保険者に課される）、雇用保険料がある。

2　所得税、法人税、消費税が基幹税

所得税のあらまし

日本の所得税では、所得は、給与所得、事業所得、不動産所得、利子所得、配当所得、譲渡所得、一時所得、雑所得、山林所得という10種類に分類されている。

どの場合も、「収入」から必要経費を控除して「所得」を計算する（ただし、給与所得では、給与所得控除という概算控除が認められる。これについては、第9章の1で述べる）。

次に、「所得」から所得控除（基礎控除、配偶者控除、扶養控除、社会保険料控除、住宅ローン控除など）を差し引き、「課税所得」を算出する。

課税所得に対して、税率が適用される。税率は、所得が多いほど高くなる累進課税制度になっている。現在の所得税率は、5％から始まり、最高で45％になる。

所得税は、年度末に確定申告を行なう。それに基づいて最終的な税額が計算され、納税または還付が行なわれる。給与所得者の場合、所得税は通常、給与から源泉徴収される。個人事業主やフリーランサーなどは、白色申告と青色申告という異なる申告方法を選択できる。

白色申告者《しろいろしんこくしゃ》は、簡易な帳簿をつけることが推奨されているが、厳格な記帳義務はない。基本的な控除（基礎控除など）は利用できるが、青色申告特別控除のような追加の控除は利用できない。また、事業による損失を翌年以降に繰り越して控除することはできない。

青色申告者《あおいろ》は、所定の帳簿を正確につける義務がある。これには、収支内訳書や資産負債表などが含まれる。青色申告特別控除を利用できる。これにより、最大65万円まで所得から控除することができる。また、事業による損失を最大3年間繰り越して控除することが可能だ。青色申告を選択する場合は、青色申告承認申請書を税務署に提出し、承認を受ける必要がある。

■法人税のあらまし

法人税の計算は、その年の課税所得を算出することから始まる。課税所得とは、その年の総収入から必要経費を差し引いたものだ。

課税所得に対して、税率が適用される。中小企業は低い税率が適用され、大企業は高い税率が適用される。

法人は、会計年度末に確定申告を行ない、その年の課税所得と税額を申告する。大企業などは、会計年度中に予定される税額に基づいて中間納税を行なうことがある。

消費税のあらまし

消費税は、商品やサービスの購入時に課される間接税だ。ほとんどの商品やサービスが課税対象となるが、免税品目も存在する。最終的には消費者が負担する。

消費税率は、現在10％。ただし、食料品など一部の商品には軽減税率が適用され、８％の税率が適用される。

消費税は、事業者が商品やサービスを販売する際に消費者から徴収し、国に納付する。

消費税が導入されたのは、１９８９年４月のことだ。それ以前は、日本の国家財政では、所得税や法人税が主要な歳入源であったが、消費税導入は、歳入構造に大きな変化をもたらした。消費税の導入によって、間接税の比重が高まったのだ（図表3-1参照）。

１９８９年に消費税が導入されたとき、所得税、法人税の税収はそれぞれ20兆円程度だっ

図表3-1　所得税、法人税、消費税の推移

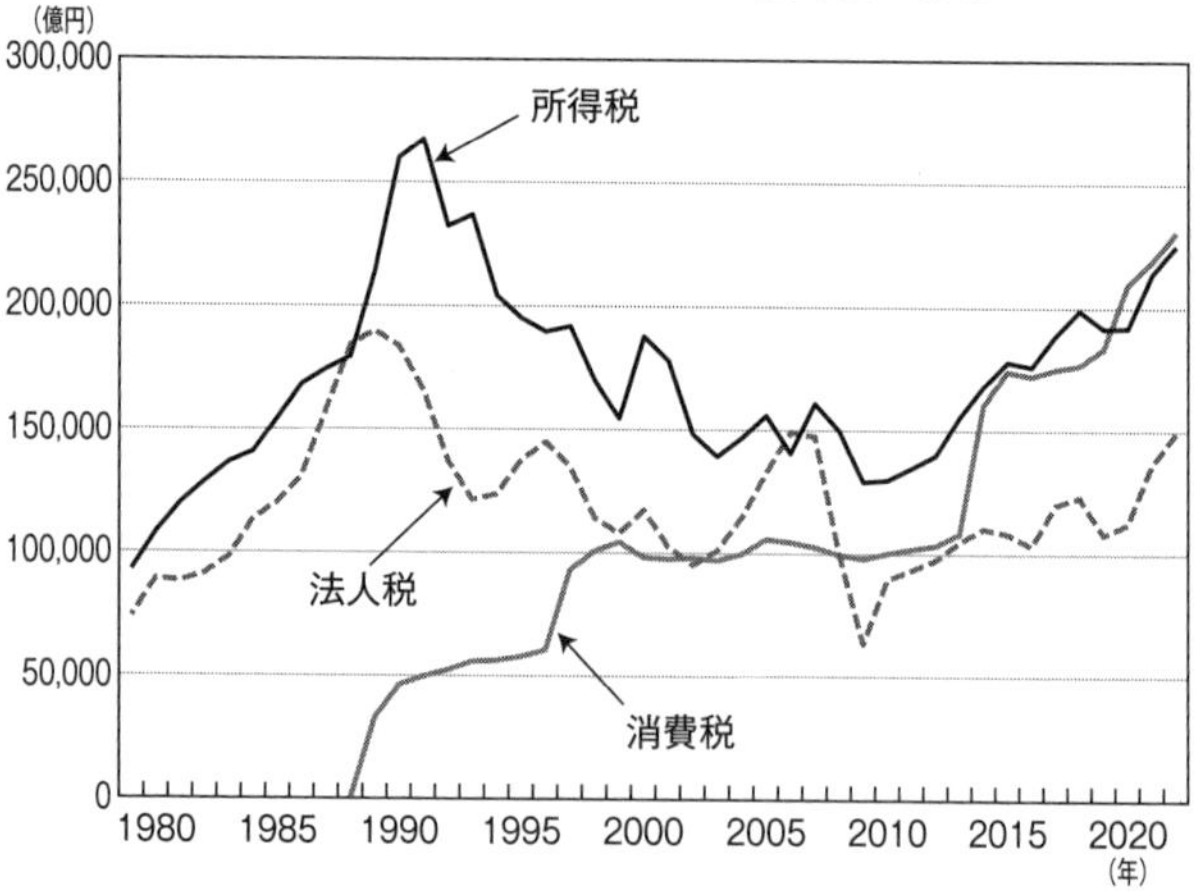

出所：財務省のデータより筆者作成

た。それ以来、２００３年度ごろまで、法人税の税収は減少した。また、所得税の税収は、１９９１年度に26・7兆円まで増加したが、その後は、２００９年度の14兆円台まで減少した。これは、法人税においても所得税においても、税率が引き下げられたことによるものだ。

他方で、消費税の税収は増加し続けた。最初は３％で導入された消費税の税率は、１９９７年４月に５％に引き上げられ、２０１４年４月に８％に、２０１９年10月に10％に引き上げられて現在に至っている。

かつて、私は消費税に対して否定的な評価をしていた。負担公平の観点から、所得税を中心にした税構造が望ましいと考えていたか

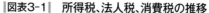

らだ。また、負担感が弱い税では、安易に負担増が行なわれるとも考えていた。教科書的な考え方に洗脳されていたわけだ。

日本の消費税に対して否定的な評価をしていたもう一つの理由は、原稿料などについて、転嫁ができなかったことだ。消費税が導入されたときも、税率が引き上げられたときも、消費税分を上乗せして払ってくれないところがほとんどだった。税率が上がっても、手取りは増えない。だから、税抜きの原稿料は、消費税率が上がるたびに切り下げられてきたことになる（これについては、第9章の1と3で再述する）。

こうした不満もあるのだが、その後、現実の所得税が持つさまざまな欠陥を無視できなくなってきた。第1章で述べた政治家への非課税ぶりを見ると、所得税への不信感は決定的なものになる。右のような問題が残っているにもかかわらず、「税率が20％でも30％でも構わないから、全部、消費税にしてくれ！」と言いたくなる（フランスの消費税率は20％、スウェーデンでは25％だ）。

3 社会保障制度はどうなっているか

■一般会計予算の約3分の1を占める社会保障費

2023年度予算の国の一般会計歳出は、114・4兆円。このうち、社会保障費、国債費、地方交付税交付金で3分の2を上回る。社会保障は36・9兆円で、32・3%を占める。このように、現代の財政では、社会保障が最大の支出項目になっている。[2]

■厚生年金、国民年金などの公的年金の概要

日本の公的年金は、厚生年金（サラリーマンなどが加入）と国民年金（自営業者などが加入）を中心として組み立てられている（公務員が加入する共済年金は、厚生年金と別の制度だったが、2015年10月に統合され、被用者年金が一元化された）。以下の説明は、厚生年金を中心として行なう。[3]

厚生年金の保険料率は、標準報酬（給与や賞与などから計算される額）の一定率であり、本人と雇用主が折半で負担する（2017年度以降は18・3％）。加入期間が25年で受給資格が発生し、受給開始年齢（65歳）に達すると、年金額を裁定（受給資格を確認して年金額が決められること）されて、年金を受給できるようになる。

「所得代替率」とは、年金給付額とその時点での現役世代の平均収入（ボーナス込みの手取り賃金）との比率だ。

2019年財政検証では2019年度の所得代替率が61・7％だった。[4] 日本の財政は将来に向かっていくつかの深刻な問題を抱えている。何より問題なのは、高齢化社会への対処だ。

■被用者保険、国民健康保険、後期高齢者医療制度

日本国民は、必ずいずれかの医療保険に加入している。大別すると、サラリーマンが加入

2　財務省「日本の財政を考える」
3　年金積立金管理運用独立行政法人「公的年金制度について」
4　厚生労働省「いっしょに検証！公的年金」

する被用者保険（職域保険）と、自営業者・サラリーマン退職者などが加入する国民健康保険（地域保険）、そして、75歳以上が加入する後期高齢者医療制度がある。

被用者保険は職業によっていくつかの種類があり、企業のサラリーマンが加入する協会けんぽ（旧政管健保）と健康保険組合、そして、公務員が加入する共済組合がある。

医療費の財源の内訳を見ると、2021年において、公費が38％（うち、国庫が25・3％、地方が12・7％）、保険料が50％、患者の自己負担が11・6％となっている。

自己負担率は、70歳未満が3割（6歳未満は2割）、70歳以上75歳未満の者は所得に応じて2割または3割。75歳以上の者は所得に応じて1割または3割となっている。また、月ごとの自己負担限度額を超えた場合に、その超えた金額を還元する「高額療養費制度」がある。

老人医療無料化で受診率が急上昇した

医療費の中でとくに大きな問題を抱えているのは、高齢者の医療費だ。

医療費のうち、高齢者の医療費は3分の1程度と、大きな比重を占めている。しかも、伸び率も高い。高齢者は医療機関にかかる頻度が高く、入院日数も長いので、医療費が高くなるのは、当然のことだ。

しかし、高齢者の受診率は、もともとこのように高かったわけではない。入院でも外来でも、65歳以上の受療率は、1960年においては他の年齢層とほぼ同じだった。ところが、60年代に急上昇し、他の年齢層の4倍から6倍という、かけ離れて高い受療率になった。これには、老人医療の無料化が大きな影響を与えている。

それまでは、高齢者でも、国民健康保険加入者の医療費自己負担割合は3割、扶養家族の自己負担割合は5割だった。ところが、1969年に東京都と秋田県で老人医療自己負担の無料化が行なわれ、それが他の自治体にも拡がった。田中角栄内閣は、1973年を福祉元年と位置づけ、社会保障の大幅な拡充を図ったが、その一環として老人医療を全額公費負担とし、自己負担をゼロとした。第一次石油ショックの直前には、税収が増加していたため、将来を考えない人気取り政策が行なわれたのだ。

しかし、これによって高齢者の受診率が急上昇し、病院のサロン化や過剰診療が問題となった。また、要介護者が病院を占拠した結果、本当に入院を必要とする人が入院できなくなるような事態も生じた。さらに、医療費、とくに老人医療費が急増した。

5　厚生労働省「令和3（2021）年度 国民医療費の概況（表3）」
厚生労働省「我が国の医療保険について」

これに対してさまざまな措置が取られた。1983年からは、老人保健制度は市町村の事業となった。また、受給者本人の自己負担が設けられた。

それにもかかわらず高齢者医療費は伸び続け、政府は数年おきに自己負担上限額の引き上げを行なわざるをえなくなった。2002年には、老人医療自己負担を1割としたが、それでも、現役世代の拠出金は増え続け、1999年には老人保健拠出金不払い運動に発展した。そこで、2008年に後期高齢者医療制度が発足したのだ。

後期高齢者医療制度は、他の医療保険とは独立した医療保険制度だ。都道府県ごとに置かれる後期高齢者医療広域連合が保険者となる。保険料は市町村が徴収し、後期高齢者医療広域連合に納付する。

なお、前期高齢者（65〜74歳）は、現役世代の医療保険に留まり、保険者間で財政調整支援が行なわれる。

■要介護と認定されれば、保険給付を受ける

日本の介護システムの中心にあるのは、2000年4月1日に発足した介護保険制度だ。40歳以上の者が被保険者となる。このうち、65歳以上の者を第1号被保険者、40歳以上65歳

未満の医療保険加入者を第２号被保険者と呼ぶ。

介護の必要性を判断するために、最も軽度の要支援１から最も重度の要介護５まで、７段階の区分が設けられ、介護度ごとに支給限度額が設定されている。支給限度額を超えるサービスを受けた場合、超える分の費用は全額利用者負担となる。また、対象外のサービスは、全額自己負担だ。

さらに、受けたサービスの１割は自己負担となる。所得の多い高齢者の介護費の自己負担割合は２割。

介護保険の保険者は、市町村とされている。介護サービスの費用のうち、被保険者の負担分以外の部分（この部分を「介護給付費」という）の１００分の50を被保険者の保険料で、残りの１００分の50を公費で賄う。

要介護状態等にあることが市町村から認定された被保険者（要介護者等）は、保険給付を受ける。これには、訪問介護、通所介護等の居宅サービスと、介護老人福祉施設等における施設サービスがある。

なお、日本の社会保険制度としては、以上で述べたもののほか、雇用保険と労災保険がある。

4　国民負担率、社会保障給付費で国際比較

■社会保障支出の比率が圧倒的に高い

かつての国の支出は軍事費などが中心だったが、現在では、社会保障費の比率が圧倒的に高い。

国の一般会計歳出を１９９０年度と現在を比較すると、約48兆円増加している（当初予算ベース）。その内訳は、社会保障関係費が20兆円増えておよそ3倍になるとともに、国債残高が増えたことを反映して、国債費が増えている。

社会保障費は、今後も高齢化の進展に伴って、増加していく。公的な負担がどうなるかは、社会保障費がどうなっていくかに大きく依存している。これに関しての具体的な議論は第４章で行なうが、以下では、いくつかの基本概念を説明しておこう。

■社会保障給付費とは

財政制度や税制、社会保障制度は国によって違うため、国際比較をする場合には注意が必要だ。以下に述べる「社会支出」「社会保障給付費」「国民負担率」は、統一的な基準のもとで作られた指標なので、国際比較に用いることができる。

まず、「社会支出（OECD基準）」という概念がある。日本の2021年度の社会支出の総額は142兆9802億円。対GDP比は25・97％。人口一人当たりでは113万9300円だ。[6]

また、「社会保障給付費（ILO基準）」という概念がある。日本の2021年度社会保障給付費の総額は138兆7433億円だ。対GDP比は、25・2％。人口一人当たりの社会保障給付費は110万5500円だ。[7]

2021年度の社会保障給付費を部門別に見ると、「医療」が47兆4205億円（総額中

6　国立社会保障・人口問題研究所「令和3（2021）年度 社会保障費用統計の概要」

7　社会支出（OECD基準）は、社会保障給付費（ILO基準）とは異なり、施設整備費など直接個人には帰着されない支出まで集計範囲に含んでいる。

の割合は34・2%)、「年金」が55兆8151億円(同40・2%)、「福祉その他」が35兆5076億円(同25・6%)だ。

社会保障財源は、「社会保険料」が75兆5227億円(収入総額の46・2%)、「公費負担」が66兆1080億円(40・4%を占める)。

社会支出の対GDP比は、2020年度時点で日本は25・5%。アメリカ29・7%、フランス35・6%に比べると低い。

■国民負担率と租税負担率

租税負担と社会保障負担を合わせた義務的な公的負担の国民所得に対する比率を「国民負担率」という。

日本の国民負担率は1975年度には25・7%だったが、その後、継続的に上昇を続け、1990年度に38・4%になった。その後、2004年度ごろまではほぼ一定だったが、2005年ごろから再び上昇し、2023年度では46・8%になっている(図表3-2参照)。

江戸時代に年貢の負担が重かったのを表わすのに、「五公五民」という表現が用いられた。現代日本の国民負担率が5割近くになったので、「江戸時代並みの過酷な負担」といわれることがある。しかしこれは、次の2つの意味で間違っている。

第一に、「五公五民」は「収穫」の5割を年貢として納めることだ。この当時の米作の収益率（収穫から費用を引いた収益の、収益に対する比率）がどの程度だったかは分からないが、5割よりは低かっただろう。だから、「五公五民」では、年貢を差し引いた利益はマイナスになってしまう。

それに対して、国民負担率の分母は「所得」であり、米作でいえば収穫から費用を引いた収益に当たる。だから、収穫に対する比率で言えば、もっと低くなる（次項で述べる「家計非消費支出の実収入に対する比率」は、収穫に対する比率に近い）。

第二に、江戸時代の農民は、もっぱら収奪された。それに対して、現代社会の公的負担の多くは、社会保障給付となって国民に戻ってくる。

現代社会で公的負担率が高くなる大きな理由は、社会保障給付を支えるためなのである。そして、公的年金でも医療でも介護でも、将来は給付が増える。その一定率は公費負担になっているため、公費も増える。その額は、防衛費などとは比べ物にならないほど大きい。これをどうするかを考えなければならない。

国民負担率の国際比較を行なうと、次のとおりだ（2020年）[8]。

図表3-2 国民負担率などの推移

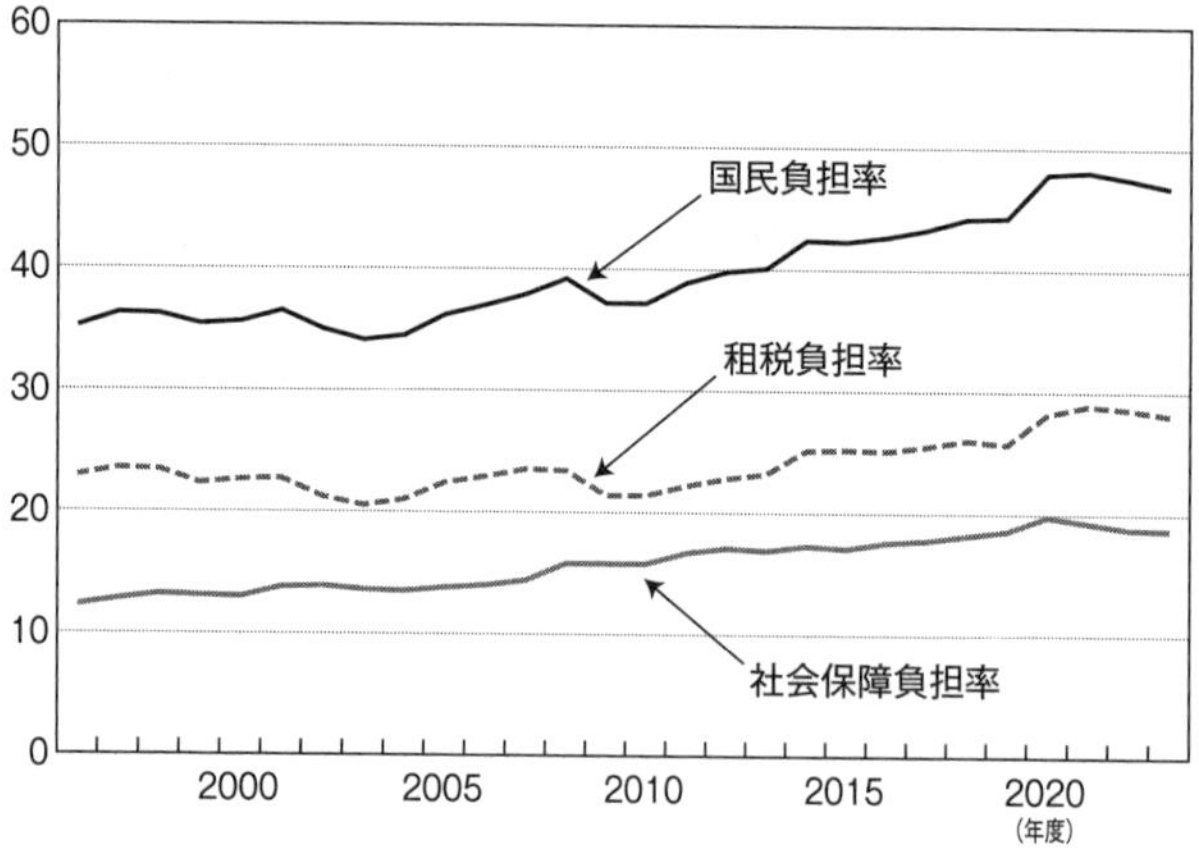

出所:財務省のデータより筆者作成

日本:47・9%
アメリカ:32・3%
イギリス:46%
ドイツ:54%
フランス:69・9%
スウェーデン:54・5%

また、税収の対GDP比を見ると、次のとおりだ(2020年)。

日本:19・7%
アメリカ:19・2%
イギリス:25・9%
ドイツ:22・9%
スウェーデン:33・3%

このように、諸外国と比較すると、日本の税収の対GDP比は、低い水準だ。[9]

家計の負担率はどの程度か？

国民負担率は、企業等も含む経済全体についてのものである。そして分母は、GDP統計における国民所得だ。

では、家計だけを見た場合には、負担率はどの程度になるだろうか？

この場合に問題となるのは、国民所得のうちの家計所得を分母に取った負担率のデータがないことだ。この点について、詳しく述べると、次のとおり。

家計調査において、「非消費支出」というデータがある。これは家計が負担する直接税と社会保険料の合計だ。しかし、負担率を計算する際の分母としては、「実収入」という概念を用いざるをえない。これは、家計所得よりかなり大きい。したがって、実収入に対する非消費支出の比率を見ると、2023年調査で、2人以上の世帯のうち勤労者世帯の平均では18・7％というかなり低い値になる。最も高い所得階層でも23・3％だ。

8　財務省「税収に関する資料　諸外国における国民負担率（対国民所得比）の内訳の比較」

9　財務省「『税』の現状を知ろう」

そこで、各項目についての負担率を積み上げることが考えられる。

まず申告所得税について、国税庁が発表しているデータがある（令和3年分、申告所得税標本調査結果、第24表）。それによると、2021年分所得税の負担割合は、総平均で14・3％だった。所得が1000〜2000万円では15・0％、2000〜3000万円では22・6％だった。ここで、負担割合＝所得税÷所得。

個人住民税の所得割は、区市町村民税が6％、道府県民税・都民税が4％で、合計10％だ。前年の所得に課される。これに加えて、均等割がある。ただし、この場合の分母は、所得から所得控除を引いた課税所得であり、家計所得より小さい。したがって、家計所得に対する比率でいえば、負担率は10％より低くなる。

社会保険料は、加入している保険によって、仕組みや率がさまざまに異なる。

公的年金の保険料率は、厚生年金の場合、給与や賞与の18・3％。これを事業主と折半で負担する。国民年金の保険料は、1月あたり1万6520円。

健康保険の保険料算定は、複雑だ。職域保険においては、被保険者の「標準報酬月額」に対する割合として決められるが、保険料率は組合によってさまざまだ。2022年度で、中小企業が主な対象の全国健康保険協会（協会けんぽ）では平均10％だが、大企業が中心の健康保険組合連合（健保連）では９・26％。原則として労使折半。

国民健康保険や後期高齢者保険では、保険者である市町村が、均等割、所得割などで決めている。東京都の場合、所得割は総所得の９・49％。

介護保険の保険料は、保険者である市町村が決めている。東京都武蔵野市の場合、例えば、第15段階（合計所得金額が８００万円以上１０００万円未満）は年17万６０００円、第17段階（合計所得金額が１５００万円以上２０００万円未満）は年20万９７００円だ。

以上を単純に足し上げていけば、所得の高い世帯では、所得に対する直接税と社会保険料の合計は、４割を超えてしまうだろう。消費税や固定資産税などを加えれば、５割を超えるだろう。分母となる計数が負担項目で異なるので、これは正確な値ではないのだが、おおよその目安とはなる。

▒「知らしむべからず」の税統計

ここで、税・財政や社会保障に関する統計について苦言を呈しておこう。これらについての日本の政府統計は、極めて使いにくい。

最大の問題は、Ｅｘｃｅｌ等の表計算ソフトで提供されているデータが極めて少なく、圧倒的大部分がＰＤＦであることだ。これはとくに税について、甚だしい。税についての統計は、財務省、国税庁、総務省（地方税）にあるのだが、Ｅｘｃｅｌで提供されているデータは、非常に少ない。総務省のサイトでは、私はＰＤＦのデータしか見つけることができなかった。「e-Stat」という政府のサイトがあるのだが、そこにある表も、税や社会保障に関してはＰＤＦがほとんどだ。

日本でも、マクロ経済や金融に関するデータは、多くがＥｘｃｅｌで提供されているのだが、税財政については随分状況が違う。

ＰＤＦでは、データを見ることはできるが、それを用いて分析することはまず不可能だ。データをいちいち手動で書き写して入力しなければならないからだ。

昔から「由らしむべし、知らしむべからず」（為政者は、民衆を施政に従わせればよいのであって、その道理を民衆に分からせる必要はない）と言われたが、まさにそのとおりの状態だ。[10]「税については分析してはならない」という暗黙のメッセージとしか思えない。

なお、データがどこにあるかを知るのは重要なことなので、よく使うデータについてのリンク集を作った。〝野口悠紀雄 note「使える日本経済データ」ナビゲーション〟で検索すると開くことができるので、ぜひご利用いただきたい。[11]

10　一般にはこのように理解されているが、それは誤りであり、正しくは「民衆からは、その政治に対する信頼をかちうることはできるが、政治の内容を知らせることはむずかしい」という意味だとの見解もある。どちらの意味にせよ、税に関する情報提供が不満足な状態であることに違いはない。

11　URLは左記のとおり。
https://note.com/yukionoguchi/n/n26b5d2e32bdb

第3章のまとめ

1. 税には、国税と地方税がある。公的負担としては、税の他に社会保険料がある。
2. 主要な国税としては、所得税、法人税、消費税がある。
3. 日本の社会保障制度は、公的年金、医療保険、介護保険からなる。これらは、保険料と公費負担によって支えられている。
4. 社会保障給付費（ILO基準）という概念がある。日本の社会保障給付費は、GDPの25％程度。人口一人当たりで110万5500円だ。国民負担率は、1975年度には25・7％だったが、2023年度では46・8％になった。

第4章

本当の問題は、高齢化による負担の増加

1　高齢化の進展で、消費税率は12％以上に

■社会保障がどうなるかは、すべての人にとって切実な問題

日本の財政支出の大部分は、社会保障関連費によって占められている。今後、人口構造の高齢化は避けられず、それによって、社会保障給付が増えるのは必至だ。日本は世界で最も高齢化が進んだ国であり、どこの国も経験したことのない将来を迎える。こうした中で、社会保障制度を維持できるかどうかが、大問題だ。

税や保険料の負担をどう引き上げるかがまず問題であるし、これまでと同じような給付を受けられるかどうかも問題だ。年金をいくら貰えるか？　年金給付を削減されたり、支給開始年齢が引き上げられたりしないだろうか？　そして、医療や介護で、これまでと同じようなサービスを受けられるだろうか？　要介護になったとき、必要なサービスを受けられるのか？　医療保険はどうなるか？　これらは、国民の誰にとっても切実な問題だ。

今後20年間が胸突き八丁

まず、人口構造の変化を見よう。

国立社会保障・人口問題研究所「日本の将来推計人口」によれば、２０２０年から40年の期間に、15～64歳人口が０・８０７倍になり、65歳以上人口が１・０８３倍になる（出生中位、死亡中位の推計）。これだけで、問題の深刻さは明らかだ。

社会保障給付の総額は、ほぼ高齢者数の増加に比例して増える。したがって、人口構造変化による社会保障給付総額の膨張を打ち消すには、一人あたり給付を１割程度減少させる必要がある。具体的には、年金給付を１割削減し、医療や介護の自己負担を１割程度増やす必要がある。

一方、社会保障を支える財源（保険料や公費負担のための税収）は、ほぼ労働年齢人口の減少に比例して減る。したがって、人口変化による財源の減少を打ち消すには、一人当たり給付を１÷０・８＝１・25倍にする、つまり25％程度増加させる必要がある。具体的には、税収と保険料を25％程度増やす必要がある。給付の削減も負担の増加も、どちらも大変困難な課題だ。

図表4-1　年齢階級別人口（全人口中の比率）

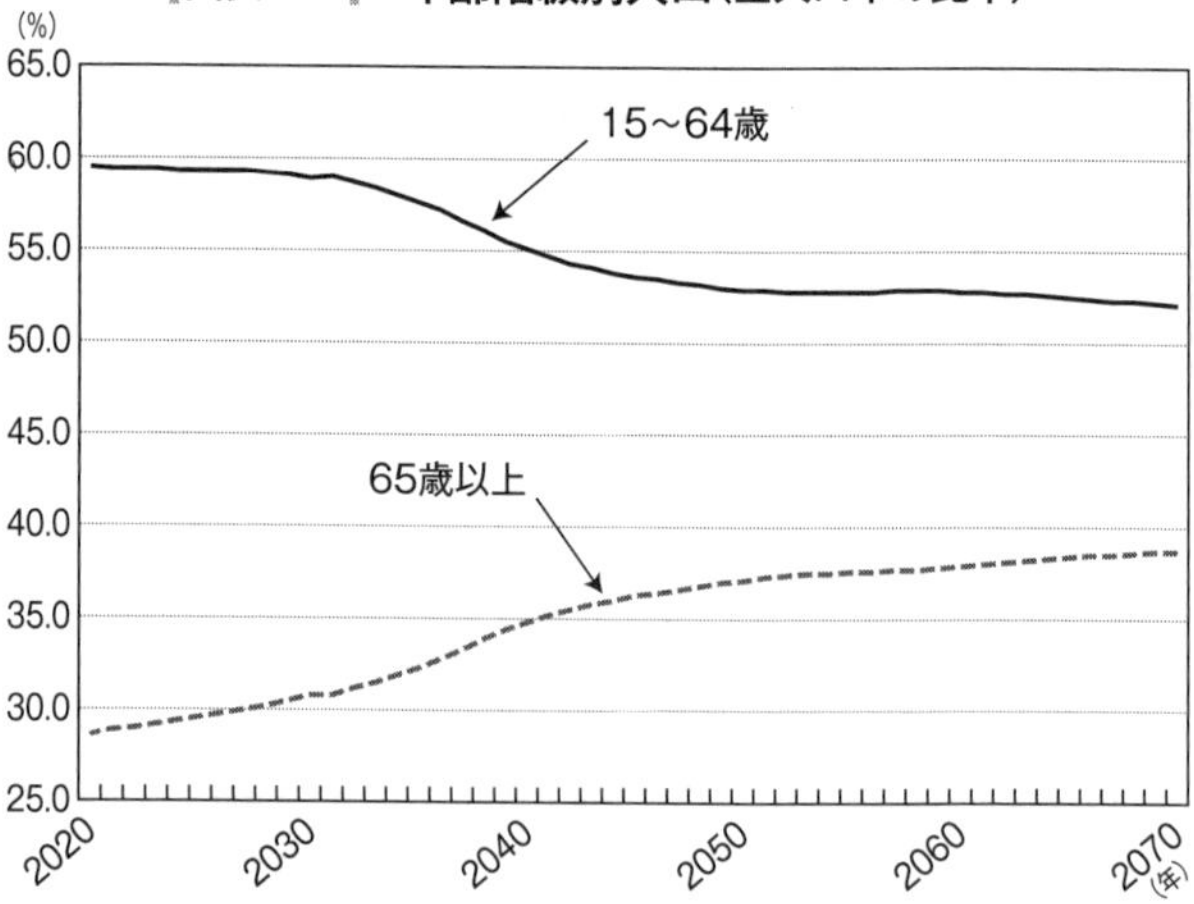

出所：国立社会保障・人口問題研究所「日本の将来推計人口」をもとに著者作成

図表4-2　年齢階級別人口（絶対数）

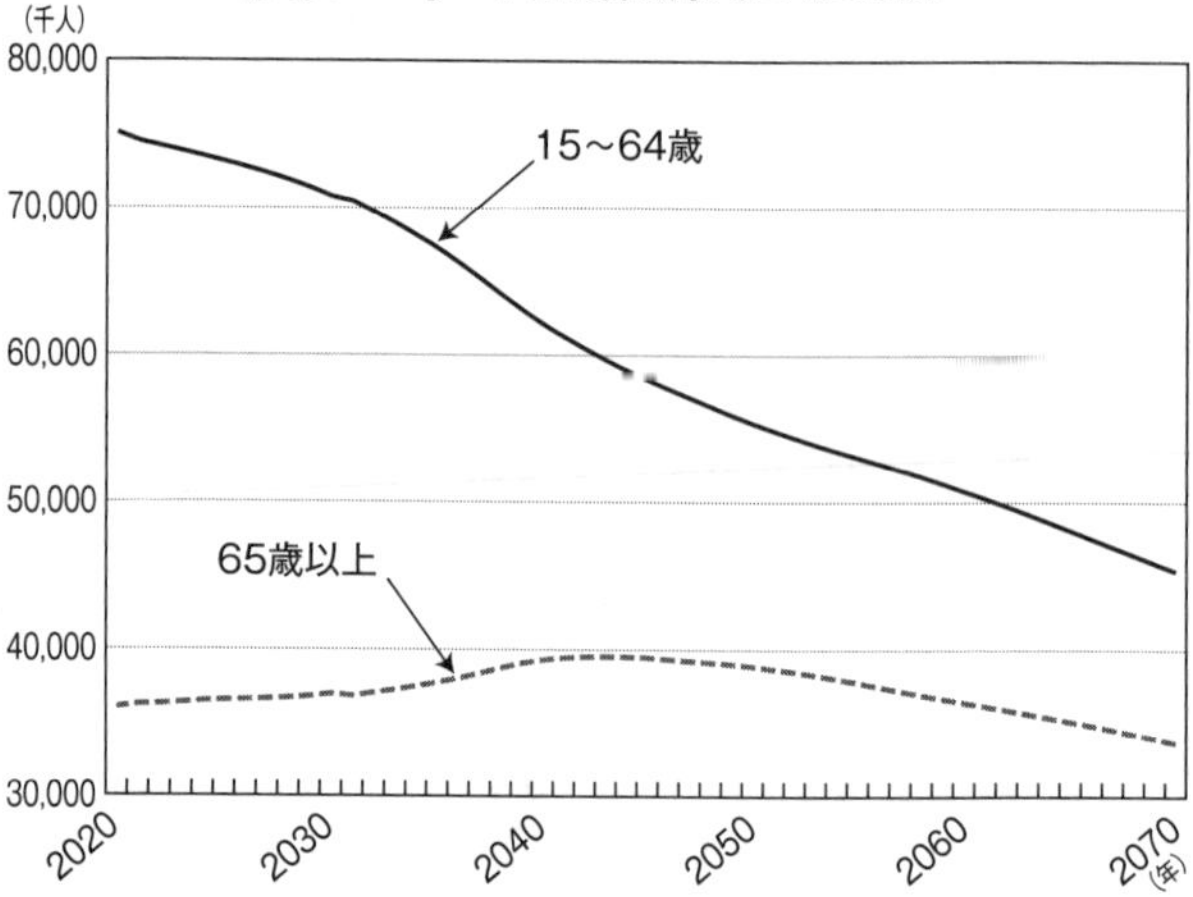

出所：国立社会保障・人口問題研究所「日本の将来推計人口」をもとに著者作成

現実には、給付の削減と負担の増加のいずれも必要になるだろう。打ち出の小槌《こづち》はないので、これは避けられないことだ。

外国人労働力が顕著に増えれば、税や社会保険料の負担者が増えることも期待できたのだが、ここ数年の円安によって、日本は外国人労働者にとって魅力的な国ではなくなってしまった。したがって、外国人労働者に期待することもできない。

なお、高齢者の比率が顕著に高まるのは、今後20年間のことである（図表4-1参照）。そこを越えれば、状況は変わる。今後20年間は、日本経済にとって胸突《むなつ》き八丁なのである。

社会保障給付の対GDP比が1割上昇

社会保障費の長期的な見通しとしては、内閣府、財務省、厚生労働省が2018年に作成した「2040年を見据えた社会保障の将来見通し（議論の素材）」がある。

これによれば、社会保障給付費の対GDP比は、2018年度の21・5％から、2025年度に21・7～21・8％となる。そして、2040年度には23・8～24％となる（経済ベースラインケース）。

この資料では2020年の数字は示されていないのだが、右記の数字から考えると、20

２０年から40年の間では、社会保障給付費の対ＧＤＰ比は、２％ポイント程度上昇すると考えてよいだろう。

これに伴って、税や社会保険料などの負担を増加させることが不可避になる。以下では、問題を単純化するため、ゼロ成長経済を考えよう。すなわち、物価も賃金も上昇しないと仮定して分析を進めることとする。なお、以下では、年と年度の差を厳密に区別しない。

２０４０年には国民負担率が50％近く

まず、国民負担率（国民負担の対国民所得比）は、どの程度上昇するだろうか？

国民所得はＧＤＰの７割程度なので、前項で述べたことは、２０２０年から２０４０年に社会保障費が対国民所得比で２・９％ほど上昇することを意味する。

仮に自己負担が現在と同じであるとすれば、給付の増加を賄うために、税と社会保険料が同額だけ増えなければならない。したがって、国民負担率が２・９％ポイント上昇するはずだ。[1]

したがって、国民負担率は、２０２０年の46・８％から、２０４０年には、49・７％になる。

■消費税率を12％以上にする必要

社会保障給付がGDPの2％増えるが、公費はその半分を受け持つ必要がある。

では、どのような増税が必要か？　2014年度以降、消費税の税収は、社会保障4経費（年金、介護、医療、こども・子育て支援）に充てることになっている。これは、社会保障費の増加のすべてを消費税で賄うという意味ではないのだが、ここでは、簡略化のために、社会保障費の増加のすべてを消費税の増税で賄うとしよう。社会保障公費負担の財源として

1　詳しく言えば、次のとおりだ。
2020年におけるGDPをY、国民所得をWとする。国民負担をTとすれば、国民負担率はT/Wだ。

ここで、W/Y＝rと書こう（国民所得とGDPの比）。

社会保障費が、2020年にSであり、2040年に(S＋ΔS)になるとする。国民負担は、給付と同額のΔSだけ増加して(T＋ΔS)になるとしよう。ゼロ成長経済を仮定しているので、2040年におけるGDPはYで、国民所得はWだ。したがって、2040年の国民負担率は、

(T＋ΔS)/W＝T/W＋(ΔS)/W＝T/W＋(ΔS)/(rY)

ここで、T/W（2020年の国民負担率）は46・8％であり、rは0・7だ。そして、(ΔS)/Y（社会保障給付費増の対GDP比増）は、約2％ポイントだ。だから、2040年の国民負担率は、右式から、
0.468+0.02÷0.7＝0.468+0.029＝0.497 となる。

は、安定的な税収が必要だ、消費税は課税ベースが広いので、その要求に応えられる最適の税といえるだろう。

その場合には、GDPの1％である5・4兆円の増収が消費税増税で必要だ。現在の消費税は、税率10％で税収が23・4兆円だから、5・4兆円増収のためには、税率を2・3％ポイント引き上げる必要がある。

▒保険料と自己負担増：世代間のバランスは？

消費税率の引き上げだけで問題が解決できるわけではない。以上で検討したのは、公費で賄っている部分のことだけであるからだ。

医療保険と介護保険では、保険料率と自己負担率の引き上げが必要だ。これは、生活に直接に大きな影響を与える。

公的年金では保険料率を引き上げないと約束しているが、「マクロ経済スライド」によって年金額が削減される。さらに、年金の支給開始年齢引き上げが行なわれる可能性も否定できない。そうなれば、退職後生活の設計に、極めて大きな影響が及ぶだろう。

年金会計も大きな問題に直面する。収支が悪化するので、積立金の取り崩しが必要になる。一定の仮定の下で計算すると、２０４０年頃までに積立金が枯渇する可能性が高い。つまり、「１００年安心年金」とは言えないわけだ（詳細は、第5章を参照）。

消費税は誰でも負担するが、保険料は主として労働年齢階級者が負担する（ただし、高齢者もかなりの負担をしている）。そして自己負担は主として高齢者が負担する。

つまり、若年者と高齢者のどちらが負担するかという問題が発生するわけだ。これは、ある種の世代間戦争である。公的年金の保険料は現在以上の水準に引き上げないとしているので、自己負担を引き上げるという方策を取らざるをえないだろう。自己負担の増加は、高齢者世帯にとって大きな問題になると考えられる。

2 政府は、現実性のある社会保障長期計画を示せ

安心して老後生活を送れるか？

岸田文雄内閣は、将来の日本経済の姿として、「新しい資本主義」というスローガンを掲げた。「新しい資本主義が一体何か？」というのは、大変興味深い問題だ。しかし、多くの人々は、もっと具体的な生活上の問題に不安を抱いている。

とりわけ知りたいのは、安心して老後生活を送れる制度が約束されるかどうかだ。年金・医療・介護の社会保障制度は、今後も機能するだろうか？　給付が切り下げられたり、負担が増加したりしないか？

これらは、生活の大枠を決めるものだから、具体的な内容がはっきりしないと、人生の長期計画を立てることができない。ところが、こうした問題に対して、政府は、はっきりとした見通しを示しているわけではない。だから、適切な人生設計を立てることができない。

政府がいま行なうべき喫緊の課題は、国民が持つこうした不安に対して、明確で信頼できる見取り図を提供することだ。

■２０２４年は、公的年金財政検証の年

２０２４年度予算の目玉とされた少子化対策や所得税減税を歓迎する人もいるだろうが、多くの人たちは、このような断片的な政策ではなく、今後の生活が全体としてどうなっていくかを心配しているに違いない。その中核にあるのが、社会保障制度のゆくえだ。

２０２４年は、５年ごとに行なわれる公的年金財政検証の年であり、公的年金に関する長期見通しが発表される。この機会に、今後の日本経済と、医療・介護保険も含めた社会保障制度がどうなっていくかを議論することが必要だ。具体的には、持続的な社会保障サービスを確保するための財政的な裏づけと、人手確保の問題である。

２０１９年度の財政検証時に、金融審議会の老後生活資金に関するレポートが話題を呼んだ。これは、老後生活のために65歳時点で約２０００万円の貯蓄が必要だとするレポートだ。ところが、政府がこのレポートの受け取りを拒否するという奇妙な展開となり、結局、老後資金問題は、あやふやのままで残されている。

つまり、老後生活の大枠に関する基礎情報の提供を、政府は行なってはいないのだ。この事件をきっかけに、多くの人が、自分の老後生活に関する不安を強めたにちがいない。

問題は、それだけではない。財政検証ではいくつものケースが計算されており、そのうちどれが現実的なものなのかが、分からない。このような方法で将来の見通しを示されても、どこに問題があるのかが、はっきり分からない。もともと年金財政問題は複雑なので、問題点を国民に分かりやすく提示することが必要だ。

以下では、これについてのいくつかのポイントを指摘したい。

■公的年金の財政検証では、実質賃金の伸び率が最大のポイント

公的年金の財政検証において最も重要なポイントは、今後の実質賃金の率をどう見込むかだ。実質賃金の伸び率が高ければ、年金財政は好転する。実際、２０１９年の財政検証が将来に問題がないとしている基本的な理由は、実質賃金の伸び率を、極めて高い値に見込んでいることなのである。「経済成長と労働参加が進まないケース」でも、年率０・４％、「経済成長と労働参加が進むケース」では、年率１・１〜１・６％の伸びが想定されている。

実際の経済の状況を見れば、これがいかに非現実的な想定であるかは明らかだ。

この数年の経緯を見ると、実質賃金は継続的に低下している。２０２３年の春闘における賃上げ率３・60％は記録的な伸びだったと言われているのだが、それは、名目値で見た場合のことだ。実質値で見れば、例年より低めだ。

しかも、春闘賃上げ率は定期昇給分をも含むものであり、経済全体で見た場合の賃上げ率に影響を与えるベースアップは、２％未満だったと考えられる。さらに、春闘参加企業は主として大企業であり、中小企業の賃上げ率は、それより低い。実際、毎月勤労統計調査で見る実質賃金は、継続的に低下しているのである。こうした経緯を見れば、前記のように実質賃金の高い伸び率を前提とする財政検証は全く非現実的なものとしか考えられない。

日本経済の現状を見れば、実質賃金伸び率がゼロであっても、楽観的な見通しだと考えざるをえない。２０２４年の財政検証にあたっては、この点について、真摯《しんし》な検討が行なわれることを望みたい。実質賃金伸び率がゼロである場合の財政収支が計算され、公表されることは、是非とも必要だ。

自己負担のあり方を考え直す必要

医療・介護については、歳出合理化とか歳出削減ということの中身が、実は、自己負担の増加である場合が目立つようになっている。

診療報酬の2024年度の改定で、政府は、医療従事者らの人件費を引き上げる。これによって自己負担額が上がることになる。自己負担額が多くなると、医療サービスが必要なときに、そのサービスを受けるためのコストが増加する。これは、常識的に言えば、負担の増加ということだろう。

その意味で、これは、本来は大きな問題なのだが、後期高齢者については、自己負担率が基本で1割なので、あまり大きな問題として取り上げられていない。ただし、後期高齢者については、すでに、2割負担の範囲を引き上げる方策がとられているので、今後は、自己負担の増加が強く意識されるようになるだろう。

医療費の合理化とは、無駄な薬の削減や、デジタル技術の導入による効率化のことだと思っていたのだが、実は自己負担の増加というのでは、裏切られたような気持ちだ。

介護保険についても、自己負担率の引き上げが検討されている。このようにさまざまな制度で自己負担が増大していくと、全体として負担がどの程度増加しているかが、わかりにくくなってしまう。

自己負担の重要性が増していくと、自己負担制度が現在のままでよいか否かについての議論を深めることが必要だ。具体的には、所得だけを考慮するのではなく、資産を考慮することが必要だ。

政府が２０２３年12月５日に公表した社会保障改革の工程の素案には、金融資産を加味して高齢者らの負担を検討する項目が盛り込まれた。また、３割を自己負担する「現役並み」の所得がある高齢者の対象拡大の検討も掲げた。

金融資産の把握は決して簡単な課題ではないが、高齢化社会における負担の公平化のためには、こうした措置は不可欠だ。これは、マイナンバーの活用とも関連する大問題だ（これについての議論は、第８章の３を参照）。この議論のゆくえに注目したい。

経済全体の問題として捉える必要

以上で述べた問題は、財政や社会保障制度に限定された問題ではない。経済全体の問題として捉える必要がある。

経済成長が維持できるなら、ある程度の高い負担でも耐えられる。したがって、社会保障制度維持のための最も重要な政策は、経済全体の生産性を上昇させることだ。

また、医療・介護分野においては、人材の確保が重要だ。

介護分野における人材を確保するためには、まず給与水準を高くする必要がある。だが、多分それだけでは十分でないだろう。外国人労働力に期待するところが大きい。しかし、円の購買力が低下してしまうと、それに期待することが困難になる。円の対外的な価値を維持することは、介護保険制度を持続させるためにも、極めて重要な意味を持っている。

3　ＭＭＴとは何か？　どこが問題か？

■コロナ禍で、国債による財政支出急拡大

コロナ禍では、どこの国でも、さまざまな緊急対策を行なわざるをえなかった。そのために、巨額の財政支出を行なった。それを増税で賄うのは不可能だったので、国債で資金調達せざるをえなかった。そして、その国債を中央銀行が大量に購入した。

公債依存度を見ると、アメリカでは、それまで10％台であり、２０１９年に22・１％であったものが、２０２０年に47・８％、２０２１年には40・７％と急上昇した。

日本でも、対コロナの緊急対策が行なわれ、それまで30％台であった公債依存度が、２０２０年度に53・８％、２０２１年度に50・４％と急上昇した。[2]

２　財務省「一般会計、公債依存度、利払費及び長期政府債務残高等の対ＧＤＰ比（国際比較）」

このように、多くの国が、国債に頼って財政支出を増大させた。

これに先だって、ＭＭＴ（Modern Monetary Theory：現代貨幣理論）という考えが注目を集めていた。「自国通貨建てで政府が借金して財源を調達しても、インフレにならないかぎり、財政赤字は問題ではない」という主張だ。アメリカ・ニューヨーク州立大のステファニー・ケルトン教授などによって提唱された。

主流派経済学者や政策当局者は、この考えを異端の学説として強く批判したのだが、政治家の中には、この考えに強い関心をもつ人もいた。増税をせずにいくらでも歳出を増やせるのであれば、政治家が飛びつくのも無理はないだろう。

そして実際に、コロナ禍においては多くの国が、ＭＭＴが主張するような財政運営をせざるをえなくなったのだ。

■インフレが起きた

しかし、２０２２年になって経済活動が再開されると、図表４‐３に見るように、アメリカで、インフレが発生した。つまり、多くの人が危惧していたように、国債を大量に増発して財政支出を急増させれば、インフレが起きてしまうということが実証されたのだ。

図表4-3　アメリカ消費者物価指数（対前年同月比）

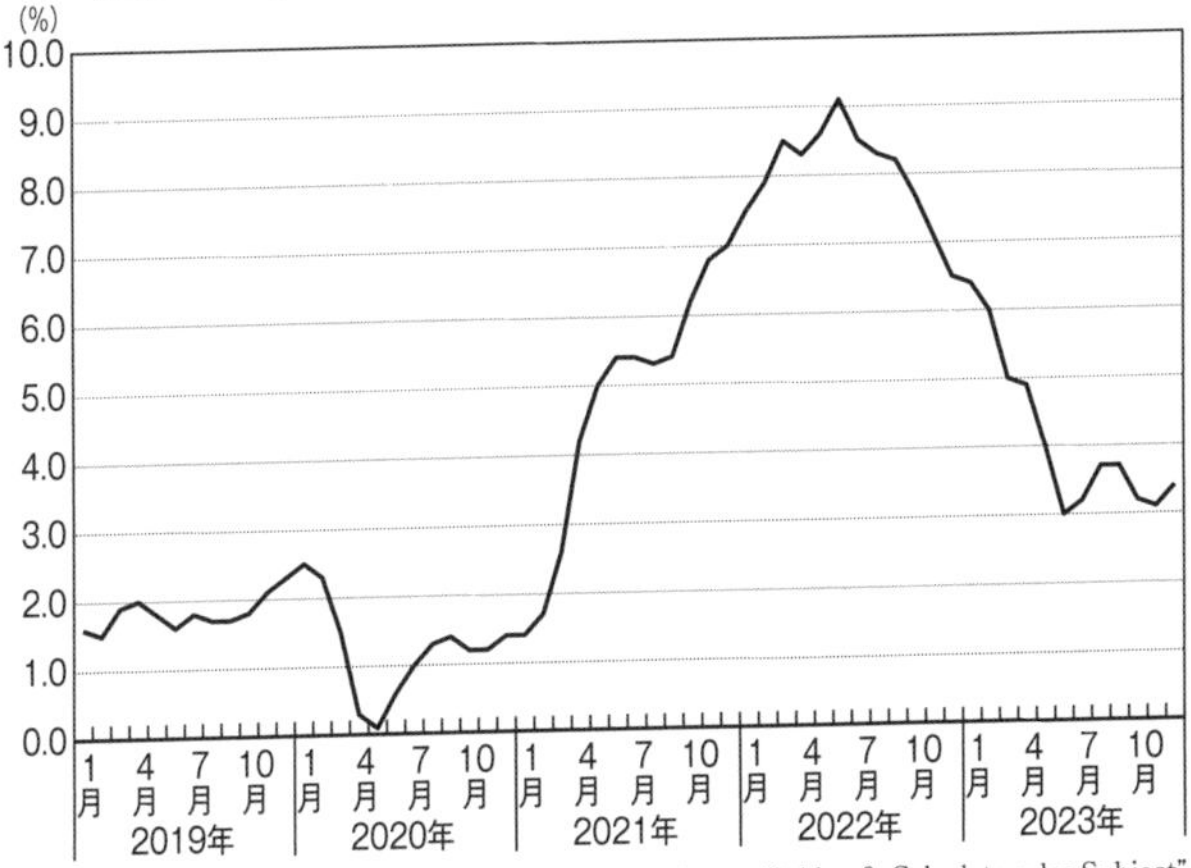

出所：U.S. BUREAU OF LABOR STATISTICS "Databases, Tables & Calculators by Subject" より著者作成

インフレが起きると、人々が購入できる実質額は減少するから、インフレは一種の税だと考えることができる。しかも、所得の低い人に対して重い負担を課すから、逆進的な税だと言うことができる。

誰も負担をせずに、財政支出を増大できるという魔法のようなことができるはずはない。そうしたごく当たり前のことが実証されただけだと言ってもよい。

なぜこうしたことになったかを、以下に考えることにしよう。

内国債は、負担を将来に移転しない

MMTが依存する重要な論点は、「外国債と内国債は異なる」ということだ。この問題

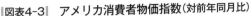

は、「国債の負担」の問題として、経済学で古くから議論されてきたテーマだ。

外国債の場合には、家計や企業が借金をするのと同じことが生じる。つまり、国債を発行した時点で、国全体が使用しうる資源の総量は拡大する。これは、家計や企業が借金をした時点で、その家計や企業が使用しうる資源の総量が拡大するのと同じことだ。

そして、国債を償還する時点においては、国が使用しうる資源の利用は減少する。これは、家計や企業が借金を返済する時点で、使用しうる資源が減るのと同じことだ。したがって、この意味において、借金や国債の負担は将来に移転することになる。

ところが、内国債の場合はこれと異なる。国債の発行によって政府の使用しうる資源量が増大するのは、外国債の場合と同じだ。ところが、内国債の場合には、それを購入するのは、国内の家計や企業であり、それによって、家計や企業が使用しうる資源量は減少する。したがって、内国債を発行した時点において、国が使用しうる資源の総量が増えるわけではない。

国債を償還する時点においては、政府が利用できる資源量は減る。しかし、内国債の場合には、償還を受けるのは国内の家計や企業であって、それらが利用する資源量が増大する。この両者は打ち消しあうので、償還時において、国全体として利用しうる資源の総量が減るわけではない。

だから、内国債は、企業や家計の借金とは違って、負担を将来に移転する機能をもたないのである。

別の意味での「国債の負担」は発生する

ただし、以上のことは、内国債の発行が資源配分に影響を与えないことを意味するわけではない。

なぜなら、国債の発行によって、政府が使用しうる資源量が増加し、民間の経済主体が使用できる資源量が減るからだ。仮に、政府の資源の使い方は、民間の場合よりも効率が低いとすれば、国債の発行によって、国全体の資源の使い方の効率が低下する。これは、将来の生産量を減少させるだろう。この意味において、「国債の負担」が発生する。

以上が、ポール・サミュエルソンやアバ・ラーナーなどの経済学者が１９４０年代に展開した国債の負担に関する議論だ[3]。この考えは、経済学者の間では、ほぼ確立されたものになっている。

ＭＭＴは、国債で資金調達をしても、国全体として負担が生じるわけはないとしたのだが、これは、以上の議論の前半だけを引用したものだ。サミュエルソンやラーナーが指摘している意味での「負担」を無視したものだということができる。

コロナ後の日本では、インフレという形の負担

コロナ後の世界では、以上とは違う意味において国債の負担が発生したと考えることができる。アメリカの場合には、コロナ期に国債発行によって巨額の財政支出を行なったが、これによって超過需要が発生し、これがインフレをもたらしたと考えられる。

日本の場合には、これとは異なるメカニズムでインフレが発生した。コロナ期に巨額の財政支出を行なった点ではアメリカと同じなのだが、国債発行を容易にするために、金利を低く抑えた。これによって円安がもたらされ、それが輸入物価を引き上げることによって、インフレが発生した。

このように日米でメカニズムが違うが、どちらも、コロナ期における国債発行の増加と、財政支出の増加がインフレをもたらしたのである。

MMTは、「国債で財政支出を賄っても、インフレをもたらさないかぎり問題はない」としているのだが、「インフレをもたらさないかぎり」という限定条件は、現実には満たされ

ないということがわかったのだ。

従来の正統的な考えは、「国債を財源とすれば負担感がないので、財政支出が膨張しすぎ、インフレになる。だから、こうした財政運営を行なってはならない」ということだった。ケインジアンと見なされている論者までもがMMTに反対を表明しているのは、このためだ。

それに対してMMTは、「インフレにならないように注意すれば大丈夫」だと主張したのだ。いわば、最も重要な点をはぐらかしたわけだ。MMTは、単なる仮定の上に成り立っているものでしかない。現実には機能しないのだ。

3　詳しくは、左記を参照。
野口悠紀雄『公共政策』（岩波書店、1984年）第2章

4 逃げ水のような財政再建目標

■「プライマリーバランスを黒字化する」という目標

2002年に小泉純一郎政権が、「基礎的財政収支を黒字化する」という目標を掲げた。

ここで、「基礎的財政収支（プライマリーバランス：PB）」とは、税収・税外収入と歳出（国債の元本返済や利払いに充てる国債費を除く歳出）との差額だ。

しかし、これまで一度も実現したことはなく、目標時期の先送りが続いてきた。政府は2018年の「骨太の方針」で2025年度のPBの黒字化を目指すとしたのを最後に、目標の時期は更新していない。

毎年2回の試算が公表されているが、次の2つのケースを試算している。

第一は「ベースラインケース」で、全要素生産性（TFP）上昇率が直近の景気循環の平均並み（0・5％程度）で将来にわたって推移するシナリオだ。[4] 中長期的に実質・名目とも

0％台半ばの成長となる。

第二は、「成長実現ケース」で、TFP上昇率が、デフレ状況に入る前の期間の平均1・4％程度にまで高まるシナリオだ。中長期的に実質2％程度、名目3％程度の成長となる。

■成長ケースでも、2025年度にPBの赤字が残る

最新の試算は、「中長期の経済財政に関する試算（2024年1月22日）」だ。[5]

いずれのケースにおいても、2025年度にPBの赤字が残る。

成長実現シナリオでも、PBは、2023年度▲30・3兆円→2024年度▲16・8兆円→2025年度▲1・1兆円の見通しだ。ただし、歳出の効率化に努めれば「2025年度のPB黒字化が視野に入る」との見通しを維持した。

4　全要素生産性（Total Factor Productivity：TFP）とは、経済成長を生み出す要因の一つで、資本や労働の増加以外の成長要因のこと。技術進歩などがこれに該当する。

5　内閣府「中長期の経済財政に関する試算（2024年1月22日）」

■国債残高の対GDP比はベースラインケースでは上昇

国・地方の公債等残高の対GDP比は、2000年代は、国・地方のPBの赤字、名目GDPの伸び悩みを背景として、上昇傾向にある。

2022年度は211・8%程度となった。その後、2023年度は208・2%程度、2024年度は206・1%程度と低下に転じることが見込まれている。その後、ベースラインケースでは、2020年代後半に上昇に転じ、2033年度には208・3%となる。成長実現ケースでは、安定的に低下し、2033年度には166・8%となる。

なお、国債残高だけを見ると、次のとおりだ。ベースラインケースでは、2022年度の181・8%から、2033年度には189・13%となる。成長実現ケースでは、2033年度には152・8%に低下する。

■消費者物価上昇率と長期金利

この試算は、GDP成長率、賃金上昇率、消費者物価上昇率や長期金利などのマクロ経済の変数も示しているので、日本経済の中長期的な姿を考える際に参考となる。

実質ＧＤＰ成長率は、ベースラインケースでは０％台半ば、成長実現ケースでは２％程度だ。名目ＧＤＰ成長率は、ベースラインケースでは、中長期的に０％台半ば、成長実現ケースでは、中長期的に３％程度で推移する。

賃金上昇率は、ベースラインケースでは、中長期的に１％程度で推移する。成長実現ケースでは、中長期的に３％程度で推移する。

実質賃金上昇率は、ベースラインケースでは中長期的に０％程度、成長実現ケースでは１％程度だ。

ベースラインケースでは、消費者物価上昇率は、中長期的に０％台後半で推移すると予測されている。名目長期金利は、中長期的に１％程度まで上昇する。

成長実現ケースでは、消費者物価上昇率は、中長期的に２％程度で推移する。名目長期金利は、２０２４年度にかけて足下の金利水準が続き、その後は、中長期的に３％台半ばまで上昇する。

▒日銀の金融政策との整合性

財政収支試算は、政府や日本銀行の政策を縛るものではないが、政策の整合性は要求されるといってよいだろう。とくに問題となるのは、日銀の金融政策との関係だ。
日銀は、「賃金と物価の好循環が見通せれば、金融正常化を行なう」としている。では、財政収支試算で、「賃金と物価の好循環」が見通せるだろうか？

右に見たように、ベースラインケースでは、中長期的な消費者物価上昇率は０％台であり、賃金上昇率は１％程度でしかない。そして、実質賃金上昇率は０％程度だ。これでは、「好循環」とはとても言えないだろう。とくに、実質賃金上昇率が問題だ。実質賃金下落状態から脱却できるとはいえ、上昇率が０％でしかないことは、「停滞」としか表現できない状態だといわざるをえない。

これに対して、成長実現ケースでは、中長期的な消費者物価上昇率は２％であり、賃金上昇率は３％程度、そして、実質賃金上昇率は１％程度だ。１％程度という実質賃金上昇率は、２０１９年の公的年金財政財政検証で想定された値に比べると、あまり高いとはいえない。[6]

ただし、財政検証の想定値は、日本経済の実力を考慮すれば、高すぎるものと言える。１％程度が実現できれば、大成功といってよいだろう。

問題は、成長実現ケースを実現できるかどうかである。とくに問題なのは、長期金利の水準だ。成長実現ケースでは、長期金利は3％台半ばまで上昇するとされている。これは、経済の整合性を保つために要求される水準だが、はたしてこれを実現できるだろうか？

これまでの金融緩和政策の中で、日本の長期金利は著しく低い水準に固定されてきた。2022年12月にそれが見直されて以来、長期金利は上昇したが、それでも、2024年1月末時点で約0・7％だ。

世界の先進国（とくにアメリカ）と比べて著しく低い長期金利水準が円安をもたらし、それが企業の利益を増加させてきた。しかし、日本の長期金利が3％台半ばまで上昇すれば、条件は大きく変化する。アメリカの長期金利は4％程度だから、日米金利差は大きく縮小する。さらに、アメリカで、今後金利が低下する可能性は否定できず、仮にそうした事態になれば、急激な円高が進む可能性がある。円安による利益増という「ぬるま湯的環境」に慣れてしまった日本企業が、こうした環境で生き延びられるのかどうか、大いに疑問といわざるをえない。

また、当然のことながら、長期金利が上昇すれば、財政資金の調達コストは上昇する。こ

6　ケース1では年率1・6％、ケース2からケース4でも、年率1％台を想定している。第5章の2を参照。

れがもたらす問題も大きいだろう。

以上を考慮すると、成長実現ケースの実現は、極めて難しいと考えざるをえない。しかし、すでに見たように、ベースラインケースでは、実質賃金の上昇は期待できない。日本経済は、こうしたジレンマから、どうすれば脱却できるだろうか？

■財政再建が忘れられている

財政赤字縮小への努力は、すでに閑却《かんきゃく》されている。

政府は、財政再建目標を立てたが、達成できていない。それにもかかわらず、これが重大な問題だとして議論されることはない。

政府は今後、ＰＢのあり方を含めた検討を行ない、２０２４年の夏に定める「経済財政運営と改革の基本方針（骨太の方針）」で、新たな財政健全化の考え方を示す方針だ。

社会保障制度では、制度を支える財政的な基盤は確立されていないままに、将来の給付が約束されている。年金もそうだ。医療保険もそうだ。

将来の社会保障費増大の影響を考えると、消費税の税率をさらに引き上げる必要があると考えられるが、そうした議論は、全く行なわれていない。

第４章のまとめ

1. 将来、少子高齢化によって社会保障給付が増え、国民負担率は50％程度になる。消費税だけでこれに対処しようとすれば、税率を12％以上に引き上げる必要がある。

2. いま多くの人が知りたいのは、安心して老後生活を送れる社会が約束されるのかどうかだ。政府は、社会保障制度を中心として、信頼できる見取図を提供する必要がある。その際、実質賃金について、現実的な見通しを採用する必要がある。また、自己負担のあり方について再検討が必要だ。

3. 「自国通貨建てで政府が借金して財源を調達しても、インフレにならないかぎり、問題ではない」とするＭＭＴ（現代通貨理論）の主張は、コロナ禍では正しいかと思われた。しかし、懸念されていたとおり、インフレが発生した。

4. 政府は、２００２年に、「ＰＢ（基礎的財政収支）を黒字化する」との目標を掲げた。その実現時期は次々に延期されてきたが、２０２５年になっても実現しそうにない。国債残高の対ＧＤＰ比も、高水準のままだ。

第5章

年金が破綻する日

1 「100年安心」のために辻褄合わせをする財政検証

「100年安心」年金と財政検証

日本の年金制度は、2004年の年金改革法で、「保険料水準固定方式」を導入した。この方式は、最終的な保険料水準を定め、それに向かって保険料を徐々に調整する仕組みだ。当時の政府・与党は、「この制度により、少子化や高齢化が進んでも、また経済成長が阻害されても、将来一定の年金給付水準を守ることができる」とした。

そして、財政状況を検証するため、少なくとも5年に一度は「財政の現況及び見通し（財政検証）」を作成し、公表することとした。

ここには、おおむね100年間にわたる年金財政の見通しが示されている。最新版の財政検証は、2019年に公表された。これによれば、保険料率を現在の水準に固定するという前提の下で、問題は起こらないとされている。

財政検証の本来の目的は、負担を所与とした場合に、どの程度の給付水準が必要かを客観的に示すことだ。しかし、２００４年に年金制度の改正を行なった際に、「１００年安心」年金というキャッチフレーズの下に、所得代替率を50％に維持することを公約として掲げたため、実際の財政検証は、「50％以上の所得代替率を今後１００年にわたって維持する」ことが目的となってしまった。

架空の数字で辻褄合わせ

財政検証には、カラクリが隠されている。経済変数に関する極めて楽観的な前提条件が置かれているために、「今後50年以上の期間にわたって問題が生じない」という結果が得られているのだ。

その前提条件が満たされなければ、結果は大きく変わる。つまり、「年金は破綻しない」とアピールするために、架空の数字で辻褄合わせをしているとも言える。したがって、財政検証を無批判に受け入れるのではなく、その内容を定量的に検討することが必要だ。

２０２４年には財政検証が行なわれる。ここでは、実際の経済情勢に合わせて、経済想定を現実的なものとすることが必要だ。

■これまでの財政検証の問題点

財政検証では、「40年間平均的な収入を得た会社員の夫と、専業主婦だった妻」の世帯の年金をモデルにしている。2019年に公表された財政検証によれば、厚生年金の積立金は、今後100年間枯渇しないとされている。しかし、これは非現実的なほど楽観的な経済前提に基づいている。

とくに、賃金上昇率を高い値に仮定していることが問題だ。現実的な賃金に関する見通しを置けば、2040年ごろに厚生年金の積立金が枯渇する可能性がある。

2019年に公表された財政検証結果では、異なるマクロ経済変数の条件に基づく6ケースのシナリオが示されている。そのうち3つは「中長期の経済財政に関する試算」(第4章の4参照)の「ベースラインケース」を、ほかの3つは「成長実現ケース」を、それぞれ将来に延長したものだ。

所得代替率は、今後徐々に低下する傾向にある。経済が順調に成長するケースでは、最悪の場合でも所得代替率が50%以上が維持されるが、マイナス成長となるケースでは、所得代替率が50%を割り込む可能性がある。

２０１９年の財政検証では、実質金利の水準が高すぎることや、金利と経済成長率の相対関係が不自然なことが問題だ。

こうしたことによって、年金制度が抱える潜在的な問題が隠蔽《いんぺい》されている可能性がある。非現実的な仮定を置くのではなく、経済的に説明できる現実的な仮定によって計算を行なうことが必要だ。

2　厚生年金は破綻する可能性がある

年金の収支計算の難しさ

医療保険等と違って、公的年金は巨額の積立金を保有している。その運用収入があるので、将来についての収支計算は難しい。

この計算を正確に行なうには、シミュレーション計算を行なう必要がある。しかし、そうすると計算が複雑になり、問題の本質がどこにあるのかが見えにくくなる。とりわけ、どのような要因が結果にどのような影響を与えるかが、判別しにくくなる。

そこで、以下では次のように考えることにする。まず、各年度の保険料収入や国庫支出金と年金給付を推計し、それらの収支差がどうなるかを推計する。

そして、ある一定期間（以下では、２０２０年から２０４０年を考える）における収支差累積額と、スタート時点における積立金の額を比較する。そして、積立金が枯渇しないかどうかをチェックするのである。

これは、ゼロ成長経済においては、正当化できる計算法だ。ゼロ成長経済では、利子率がゼロであると仮定してもよいからだ。

現実の日本経済を考える場合にも、将来、利子率がいまより飛躍的に高くなるとは考えられないので、近似計算としては、こうした計算を行なうことが許されるだろう。

なお、ゼロ成長経済でなくとも、すべての変数を割引現在値で捉え、積立金の運用利回りがその割引率と等しいと考えても、こうした計算を取ることが正当化できる。

■保険料が減り、給付額が増える

前項で述べた事情を考慮し、以下では、公的年金収支の問題を簡単化して分析することにしよう。

第一は、保険料と給付額のバランスだ。高齢化の進展で人口構造が変化するため、これらの比率がアンバランスになる。

前項で述べたようにゼロ成長経済を想定することにすれば、物価上昇率も賃金上昇率もゼロになる。

第4章の1で述べたように、2023年に改訂された国立社会保障・人口問題研究所の推計によれば、2020年から2040年までの20年間に、15〜64歳人口が0・807倍になり、65歳以上人口が1・083倍になる（出生中位、死亡中位の推計）。

65歳以上が受給者であり、15〜64歳が保険料負担者だと考えれば、公的年金の受給者が1・083倍になり、保険料負担者が0・807倍になる。だから、保険料一定で20年後の給付と保険料の比率をいまと同じにするには、給付の総額を約0・8倍にする必要がある。受給者は1・1倍になるので、一人当たりでは、0・8÷1・1＝0・73倍になる必要がある。つまり、一人当たり年金額を27％カットしなければならない（実際には、保険料の他に国庫支出金があり、これを考慮する必要がある。これについては、次項で考える）。

これから分かるように、公的年金の問題の本質は、「今後30年の間に、保険料納付者が大幅に減少し、他方で受給者が増加する」ということだ。

国庫補助金を含めても経常収入は減少する

公的年金には、国の一般会計からの国庫支出金という補助がある。これは、各年金制度から基礎年金制度に対する拠出金の2分の1を国庫が負担するものだ。[1] 負担割合は、2009

年度以降は50％となっている。

国庫支出金は、基礎年金の額にリンクしているので、年金受給者数が増えれば増えることになる。つまり、今後、保険料収入は減るが、国庫支出金は増えるのである。

厚生年金の場合、2020年度で、積立金運用益を除く収入（経常収入と呼ぶ）が約47・2兆円ある。その内訳は、保険料収入が約32・1兆円、国庫支出金（国庫・公経済負担）が約10・1兆円だ。[2]

厚生年金から拠出金を基礎年金勘定に繰り入れ、そこから基礎年金として支出される。2020年度で、厚生年金から基礎年金への拠出額は19・4兆円だ。前述の国庫・公経済負担約10・1兆円は、この約半分になっている。

国庫支出金は、年金財政にはプラスに働くが、当然のことながら、このための財源措置が考えられなければならない。つまり、国の一般会計で、消費税などの増税を行なわなければ

1　日本の公的年金制度は、厚生年金など、いくつかの制度によって構成されている。2020年度の支給額で見ると、厚生年金が48・1兆円、国家公務員共済組合3・0兆円、地方公務員共済組合が8・3兆円、私立学校教職員共済が0・9兆円。自営業者らの国民年金の国民年金勘定が3・7兆円。そして各制度に共通する基礎年金勘定が24・5兆円だ。

2　厚生労働省「公的年金各制度の財政収支状況」

ならない。これは極めて巨額のものだ。

公的年金以外に、医療保険でも介護保険でも、将来の給付は増える。その一定率は公費負担になっているため、公費も増える。その額は防衛費等とは比べ物にならないほど大きい。これを補う大増税をどうしたら実現できるかを考えなければならない。ところが、この問題は、現実には全く論じられていない。

厚生年金の経常収支の推移

厚生年金について、国庫支出金も考慮して、今後の経常収支の推移を示すと、図表5-1のとおりだ。

ここでは、物価上昇率も実質賃金上昇率もゼロである経済を考えているので、2020年度に48・1兆円であった年金給付総額は、65歳以上人口の増加に伴って増えていき、2040年度には、2020年度の1・083倍である52・1兆円となる。これが、図表5-1のABによって示されている。

では、経常収入はどうなるか? 経常収入の約3分の2は保険料だ(正確な比率は、2020年度で32・0兆円÷47・2兆円=0・678)。これは、15~64歳人口の減少に伴って、2

図表5-1　給付と経常収入の推移(厚生年金)

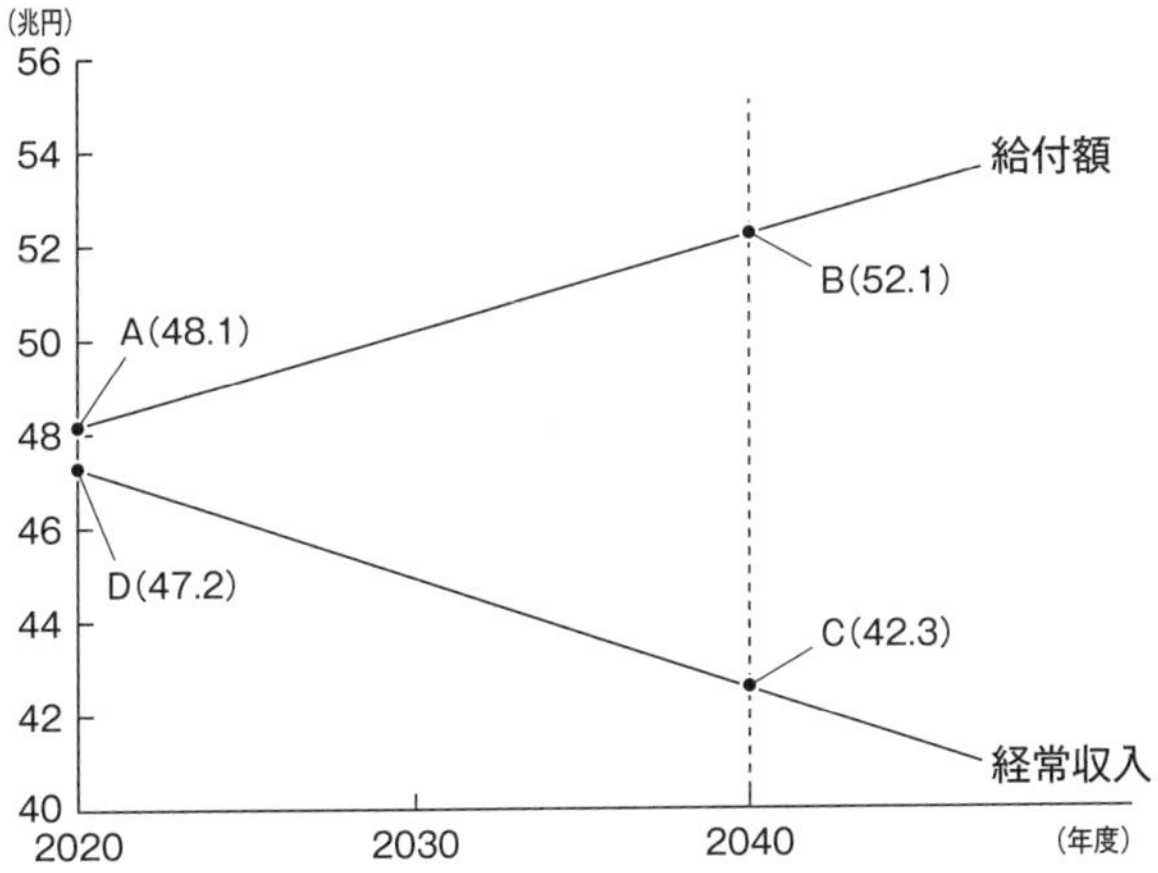

出所:筆者作成

040年度には2020年度の0・807倍に減少する。

　経常収入のうち国庫支出金などで、これは、65歳以上人口の増加に従って増えるとすると、2040年度には2020年度の1・083倍に増加する。

　以上によって、経常収入は、2020年度の47・2兆円から2040年度までの間に

0.678×0.807+0.322×1.083=0.896倍

となり、42・3兆円となる。

　これが、図表5-1のDCによって示されている。国庫支出金を含めても、なお厚生年金の経常収入は1割以上減少することに注意

が必要だ。

■マクロ経済スライドだけでは解決できない

一人当たりの年金額をカットするために、「マクロ経済スライド」という制度が作られている。毎年の切り下げ率は、公的年金の被保険者の減少率と平均余命の伸びを考慮した率である0・9％とされている。

ただし、マクロ経済スライドの適用には、条件が課されている。これまで、「賃金や物価の上昇率が一定以上の値になる場合にはそのまま適用するが、適用すると年金名目額が減少する場合には、調整は年金額の伸びがゼロになるまでにとどめる」という限定化がなされてきた。

例えば、賃金上昇率と物価上昇率が2・5％の場合、マクロ経済スライドがなければ、年金は2・5％増加する。しかし、これを2・5－0・9＝1・6％の増加にとどめるのが、マクロ経済スライドだ。

賃金上昇率と物価上昇率がともに0％である場合、マクロ経済スライドの式を機械的に当てはめれば年金は0・9％減額されるが、これでは年金の名目額が減少してしまうため、マクロ経済スライドを実行しない。いまはゼロ成長経済を仮定しているので、マクロ経済スライドは適用できない。

マクロ経済スライドの制度が始まった２００５年度以降の16年間で、マクロ経済スライドを発動したのは、２０１５年度、２０１９年度、２０２０年度のわずか3回に過ぎない。

２０１８年度以降は、未調整分のマクロ経済スライドを次年度以降に繰り越す「キャリーオーバー」の制度が施行された。しかし、２０２１年度と２０２２年度は名目下限措置に該当したので、マクロ経済スライドによる調整が行なわれなかった。２０２３年度には、３年ぶりにマクロ経済スライドが発動された。

なお、２０１９年の財政検証では、マクロ経済スライドが実行されるものと仮定されている。

では、前述の制約を撤廃して、マクロ経済スライドを強行すれば、どうか？　問題が解決されるかというと、そうではない。

マクロ経済スライドが機能すれば、20年後の一人あたり給付を、現状より約1割カットできる。しかし、以下に示すように、これだけでは年金財政は健全化しない。

■ゼロ成長経済では、２０４０年に赤字が年間約10兆円

以上までで述べたことを整理すると、次のとおりだ。

1．ゼロ成長を仮定すれば、物価上昇率はゼロなので、マクロ経済スライドは実行できず、厚生年金の経常支出総額は高齢者人口増に比例して増える。したがって、20年間で１・０８３倍に増える。そして、２０２０年の48・1兆円から２０４０年の52・1兆円になる。

2．他方、厚生年金の経常収入は、国庫支出金が増えるので、若年人口の減少率ほどは減らないが、それでも現在の０・８９６倍程度に減少する。そして、２０２０年の47・1兆円から42・２兆円になる。

したがって２０４０年の赤字は約10兆円になる。

■厚生年金の積立金がなくなる

厚生年金の経常収支は、2020年度においては、ほぼ均衡している。しかし、将来は赤字が拡大する。2040年度までの赤字額の累計は、図表5-1の四辺形ABCDの面積によって表される。この四辺形の面積は、AとDを同一視した三角形で近似すれば、10×20÷2＝約100兆円だ。

格別の財源手当をしないかぎり、これは、積立金の取り崩しによって賄うしかない（実際には、積立金の運用益を考慮する必要があるが、それについては後述する）。

2022年12月末の積立金残高は、年金積立金全体で見れば、191兆円だ。[3] このうち厚生年金の比率は、79％程度と考えられるので、約150兆円と考えることができる。

右に述べたように2020年から2040年までの赤字総額は約100兆円なので、これを積立金の取り崩しで賄えば、2040年には、積立金残高は、50兆円程度にまで減少するはずだ。

ところが、2040年度以降は、経常収支の単年度の赤字が10兆円を超す。積立金の取り崩しでこれを賄えば、2040年代の前半に積立金が枯渇することになる。つまり、厚生年

3　年金積立金管理運用独立行政法人「2022年度の運用状況」

金は破綻することになる。

■支給開始年齢引き上げの検討が必要

これに対して、マクロ経済スライドを強化する措置が取られる可能性がある。

もし、年金額が減少しても毎年0・9％減を実行すれば、2040年の一人当たり年金額は現在の0・834倍になる。スライドがない場合の給付総額は前述のように、2020年の48・1兆円から2040年の52・1兆円になるのだから、スライドを強行すれば、52・1×0・834＝43・5兆円になる。

年金会計の収支は、マクロ経済スライドがない場合より改善するが、これでは標準報酬に対する年金額の比率は、現在よりも低下することになる。したがって、「100年安心」年金は実現されない。また、2040年の経常収支は前述のように42・2兆円なので、この場合にも、年金額は経常収入より大きい。つまり、赤字が発生している。破綻は、時間の問題だ。

これを回避するためには、支給開始年齢の引き上げなどの、極めて大きな制度改革が必要になる。

■積立金運用収益をあてにできない

年金会計の収入としては、経常収入のほかに、積立金の運用収入がある。

運用収入の額は、経済情勢によって大きく変動する。

２０２０年には、37・７兆円という巨額の運用益が発生した（収益率では25・15％）。しかし、収益率がマイナスになった年もある。２０２２年は赤字になった。

２００１年度から21年度の間の平均運用利回りは３・７％だ（年金積立金管理運用独立行政法人「年金積立金の運用目標」による）。現在の積立金（１５０兆円）と同額の積立金を維持できれば、年間５・６兆円程度の収入を期待できる。

しかし、これまで述べたように、２０３０年代の後半には経常収支の赤字が年間６兆円を超える。そうなると、積立金の取り崩しが必要になり、残高が減る。すると運用収益も減少し、積立金の残高がさらに減少するという悪循環が始まる。

したがって、運用益を考慮しても、収支見通しに大きな違いはないだろう。破綻時点がずれることはあるだろうが、大勢に影響はないと考えられる。しかも、運用収益がどうなるかは、将来の経済情勢に依存する。積立金の評価が減少することもある。だから、運用収入をあてにすることはできない。経常収支の均衡を実現することが重要だ。

年金財政の破綻を回避するために、年金支給開始年齢再引き上げの議論を早急に始める必要がある。

■非現実的に高い賃金上昇率を仮定し、問題を隠している

以上ではゼロ成長経済を考えたのだが、実際には経済が成長して、実質賃金が上昇する可能性がある。実質賃金の伸びが高くなれば、年金財政には有利に働く。

２０１９年財政検証は、非現実的に高い実質賃金上昇率を仮定することによって、これまで述べた問題を覆い隠している。具体的には次のとおりだ。

経済成長が年金財政にどのような影響を与えるかを見るために、ここで、物価上昇率はゼロだが、実質賃金が対前年比でｗ％上昇するとする。すると、その年の保険料総額は、ゼロ成長の場合に比べて、ｗ％増える。[4]

実質賃金が毎年ｗ％上がると、20年後には賃金は、(1+w/100)^20倍になる。

ｗ＝１・１％の場合、20年後に現在の１・２４４倍になる。したがって、２０４０年の保険料総額は、２０２０年の０・８×１・２４４＝０・９９５倍になる。マクロ経済スライド

が完全に実施された場合の20年後の一人当たり給付額は、２０２０年の０・８３４倍になるので、２０４０年給付総額は、２０２０年の１・１×０・83＝０・91となる。このため、保険料総額と給付総額の関係は、好転する。このように、実質賃金上昇の効果は大きい。

w＝１・６％なら、20年後に現在の１・37倍になる。０・８×１・37＝１・０９６だから、収支は大きく好転する。この場合の実質賃金上昇の効果は、非常に大きい。

２０１９年財政検証では、不自然に高い実質賃金伸び率を仮定している。ケース１では年率１・６％。ケース２からケース４でも、年率１％台を想定している。

財政検証で「年金財政が均衡する」という結論になる最大の要因は、このように高い実質賃金上昇率を仮定していることなのである。

4　実質賃金が上がれば、その年の新規裁定者の年金も増える。しかし、それが年金収支に与える効果は小さい。実質賃金が上がることの効果としては、保険料収入が増加することのほうが圧倒的に大きい。そこで、ここでは、新規裁定者の年金増加は無視し、保険料総額増加だけを考えた。なお、実質賃金が上昇しても、既裁定者の年金額は影響を受けない。

▒どうすれば年金制度を維持できるか？

以上の検討から、「今後100年間にわたって50％以上の所得代替率を保証する」という「100年安心」年金は、非現実的な実質賃金上昇率の仮定の上に立つ虚構だということが分かった。

実質賃金が財政検証で仮定されたほど伸びるのは、現実にはまず無理だろう。実際、日本経済の現実を見ると、実質賃金は減少している。

2019年財政検証の際には、この問題が十分議論されることはなかった。しかし、2022年において大幅な実質賃金低下を経験した日本国民は、実質賃金の見通しに敏感になっている。だから、今回の財政検証において、前回と同じような虚構を押し通すのは、難しいのではないだろうか？

それにもかかわらず、現実には「給付削減反対、負担増加反対」の声しか出てこない。これでは、年金改革を進めることはできない。

3　老後に必要な資金は、2000万円ではなく、3700万円強

うやむやのままの老後必要資金2000万円問題

2019年6月、金融審議会が、老後資金として65歳時点で2000万円必要との報告をまとめた。[5]

老後生活を送るためにどれだけの資金が必要なのかは、誰もが強い関心を抱いている。高齢者にとっては、差し迫った緊急性を持つ極めて重要な問題だ。このレポートも大きな話題を呼んだ。

ところが、「年金だけでは生活できないのか？」との批判があって麻生太郎財務大臣（当時）が受け取りを拒否するという異常事態になり、そのままになっている。老後生活の必要

5　金融審議会「高齢社会における資産形成・管理」

資金がいくらかは、うやむやのままなのだ。

２０２４年は公的年金財政検証の年であり、年金の持続性に関する重要な報告が行なわれる。この機会に、この問題をはっきりさせておく必要があるだろう。

持ち家であり健康であることを前提にした支出想定

前記報告によれば、高齢者世帯の月当たり生活費は26・４万円であり、公的年金が20・９万円だ。したがって、不足額は、月５・５円、年間で66万円となる。65歳時点においては、30年分の１９８０万円が必要になる。[6]
生活費の内訳は、食費６・４万円、住居１・４万円、光熱水道１・９万円、保健医療１・６万円、交通通信２・８万円などとなっている。これは、総務省家計調査（２０１７年）における、夫65歳以上、妻60歳以上の夫婦のみ無職世帯の平均値だ。
ここで注目されるのは、住居費と保険医療費がかなり低い値になっていることだ。これが結論に大きな影響を与えている。つまり、老後生活資金２０００万円というのは、持ち家であり、健康であることを前提にした場合のものなのだ。これらの前提が満たされなければ、結果は大きく違ってくる。これについて、以下に詳述しよう。

■高齢者世帯は持ち家が多いが、そうでない世帯もある

住居費が前記のように少ないのは、高齢者世帯では持ち家世帯が多いからだ[7]。

実際、「令和元年版高齢社会白書（全体版）」によると、全国の60歳以上の世帯では、「持家」（一戸建てと分譲マンション等の集合住宅の合計）が88・2％と、9割近くになっている。大都市では79・4％とやや低くなるが、それでも8割近い。

ただし、逆に言えば、大都市の2割強の世帯は、毎月の住居費が前記の平均値よりかなり高いはずであり、生活費はそれだけ多いはずだ。

それだけではない。後述のように有料老人ホームに入居することになった場合に、その資金源に問題が生じる可能性が高い。

6 金融審議会「第21回市場ワーキング・グループ」。なお、この報告書では、何歳時点の評価なのかを明確にしていないが、ここでは65歳時点とする。

7 ただし、持ち家であれば、固定資産税がかかる。大都市であればかなりの額になるはずだが、このように少額なのは、全国平均値であるためと思われる。

▒要介護になると、自己負担分は月平均8・3万円

保健医療費が月1・6万円というのも、かなり低い。こうなるのは、ここで引用されている家計調査の値が65歳以上の平均値だからだ。後期高齢者になれば、この値はもっと多くなるはずだ。

とりわけ問題なのは、要介護となった場合だ。そうなれば、介護費の自己負担分はかなりの額になる。生命保険文化センターの「2021年度生命保険に関する全国実態調査（速報版）」によると、介護が必要になった場合の費用は、次のとおりだ。

まず、住宅の改造や介護用ベッドの購入などの一時的な費用が、平均74万円かかる。さらに、介護の自己負担分が月平均8・3万円かかる。平均介護期間が5年1カ月なので、総額は580万円以上になる。

高齢になれば、食事の支度もできなくなるかもしれない。食事の宅配サービスにはさまざまなものがあるが、配達料を含めて、1食1000円で一人当たり月90食とすれば9万円、2人で18万円になる。右で見た平均値の3倍近くだ。

金融審議会レポートの必要生活費は、介護が必要なく、自宅住まいを続けられるという

「幸運な」場合の額なのだ。以下に述べるように、後期高齢者の実態を的確に表しているとは考えられない。

■80歳台後半には、多くの世帯が施設に入らざるをえない

介護が必要になってくると、問題は深刻になる。では、要介護となる可能性はどの程度か？

介護保険事業のデータを用いて夫婦ともに要介護・要支援にならない確率を計算してみると、第7章の1で示すように、85歳以上で、夫婦のどちらも要介護・支援にならない確率は、17・0％でしかない。

在宅介護ができればよいが、老老介護は、難しい。長年の介護に疲れ果てて妻を殺したという事件も報道されている。そうした悲劇を避けるために、老人施設への入居を考えざるをえない場合が多いだろう。

そうなった場合、どの程度の費用がかかるか？　これは、施設によって大きな差がある。まさに千差万別だ。一つの目安として、次のように考えてみよう。

厚生労働省の資料[8]によれば、二人暮らしに最低限必要な広さは30平米だ。東京では、この

広さの賃貸住宅は、月額家賃が10万円程度だ。

そこで、施設での夫婦2人の推定生活費（月額）として、前記金融審議会のデータ（26・4万円）に住居費の差額分（10－1・4＝8・6万円）を足し、食費の宅配の場合との差額（18－6・4＝11・6万円）を足す。すると、26・4＋8・6＋11・6＝46・6万円となる。介護が必要になれば、これに8・3万円を加えて、54・9万円となる。

これは、金融審議会のいう生活費26・4万円の2倍近い。公的年金で賄う分を差し引けば、月に54・9－20・9＝34万円、年間で408万円が必要だ。レポートのいう66万円より約342万円余計に必要になる。

仮に85歳から90歳までこのような状態になるとすれば、5年間で1710万円余計に必要になる。つまり、全体では、2000万円ではなく、3710万円必要になるわけだ。これは、持ち家を売却しないと賄えないだろう。

仮に夫婦ともに100歳まで生きてしまうとすれば、以上に加えて、さらに3420万円が必要になる。こうなれば、文字どおり「生存者は死者をうらやむ」ような事態になるに違いない。

金融審議会のレポートは金融資産に関心がある。しかし、老後を大きく左右するのは、持ち家を保有しているかどうかなのだ。

■豊かな老後生活のために最も重要なのは、健康

老後に備えての貯蓄が強調され、NISA制度の利用が推奨されている。しかし、これで変わるのは、収益に対する課税分であり、さほど大きなものではない（詳しくは、第8章の1を参照）。少なくとも、これまで述べた問題を解決できるような規模のものではない。NISAが老後資金問題の切り札であるかのような議論も見られるが、大いに疑問だ。

以上の議論から明らかなように、老後生活の状況を大きく規定するのは、健康状態だ。要介護になるか否かで、生活の条件は大きく変わる。投資戦略に目の色を変えるよりは、健康に心がけることのほうが、はるかに重要だ。

なお、本節の計算では、公的年金の支給開始年齢が65歳のままで変更されないことを前提とした。しかし、本章の2で示したように、年金会計の赤字が続いて、積立金が枯渇する可能性が強い。そうなれば、支給開始年齢を引き上げざるをえなくなる。その場合には、老後

8　厚生労働省「住生活基本計画における居住面積水準」

のための必要資金は、大幅に増大する。

公的年金の月額を本章3で述べたように20・9万円として単純計算すれば、支給開始年齢が70歳に引き上げられた場合に必要な追加貯蓄額は、1614万円だ。

前記3710万円にこれを加えれば、5324万円になる。

これでは、ほとんどの世帯がお手上げだ。一体、どうすればよいのか？

第5章のまとめ

1. これまで行なわれた財政検証は、保険料水準を引き上げなくとも、おおむね所得代替率5割の年金を給付できるとしている。しかし、これは、過大な実質賃金上昇の見通しによる面が多い。
2. ゼロ成長経済を想定すると、厚生年金の積立金は枯渇し、支給開始年齢引き上げ等の措置が必要になる可能性がある。
3. 金融審議会の報告で、老後資金として65歳時点で2000万円必要とされたが、これは、自宅住まいで、介護費用の負担がない場合の数字だ。介護が必要になって施設に入居するとなれば、必要な資金額は、約3700万円と大幅に増加する。

第6章

医療保険の負担増

1 医療費の負担増はどの程度か？

人口高齢化で医療費が増加する

医療保険をめぐっては、２０２４年度に子育て支援給付の創設、医療報酬改定などが行なわれる。また、２０２２年度から自己負担率の引き上げが行なわれている。

日本の65歳以上人口は、２０２０年で約３６０３万人であり、総人口の28・６％を占めている。この階層の人口は今後増え続けると予測されており、２０４０年には、３９２９万人で全人口比率34・８％になると予測されている。[1]

人口高齢化に伴って、医療費が増加することは避けられない。医療保険制度を今後も維持するために、保険料が高くなることが懸念される。これは、年金保険料とは違って高齢者にも掛かる負担であるため、老後生活を考える際にも重要な点だ。

医療費や保険料についての政府の見通し

内閣官房・内閣府・財務省・厚生労働省が２０１８年に作成した「２０４０年を見据えた社会保障の将来見通し（議論の素材）」等について」によると、医療の対ＧＤＰ比は、次のようになる。

２０１８年度…７・０％
２０２５年度…現状投影で７・５％。計画ベースで７・３〜７・４％。
２０４０年度…現状投影で８・６〜８・９％。計画ベースで８・４〜８・７％。

保険料は、次のようになる。
健保組合の保険料は、２０１８年度の９・２％から、２０４０年度には、11・１〜11・４％になる。後期高齢者保険料の一人当たり平均は、２０１８年度の５８００円から、２０４

1　国立社会保障・人口問題研究所（令和５年推計、出生中位、死亡中位推計）

０年度には、８２００~８４００円となる。いずれも増加であり、後期高齢者保険料はかなりの増加率だが、額で見ると３０００円程度だ。

なお、これは、「ベースラインケース」であり、「成長実現ケース」では、保険料の増加は、もっと抑えられる。

■高齢者が増えるから、医療費が増える

この見通しが作成されて５年以上経っているので、その見直しが必要だろう。

まず、医療費のこれまでの増加傾向をみると、図表６-１のとおりだ。

医療費のＧＤＰに対する比率をみると、１９６０年代には３％程度だったが、最近では８％程度になった。

これまでの推移を見ると、２０２２年度の医療費（概算医療費）は、対前年度比で１兆７６００億円（４・０％）増加して、46兆円となった。[2] これは、高齢者が増えるからだ。年齢階級別に見ると、65歳以上が26兆４３１５億円で全体の61・５％、45~64歳が９兆４１６５億円で全体の21・９％と、45歳以上の医療費で全体の83・４％を占めている。

今後、果たして前項で見た政府予測の範囲に収まるかどうか、疑問だ。

図表6-1　国民医療費の対GDP比

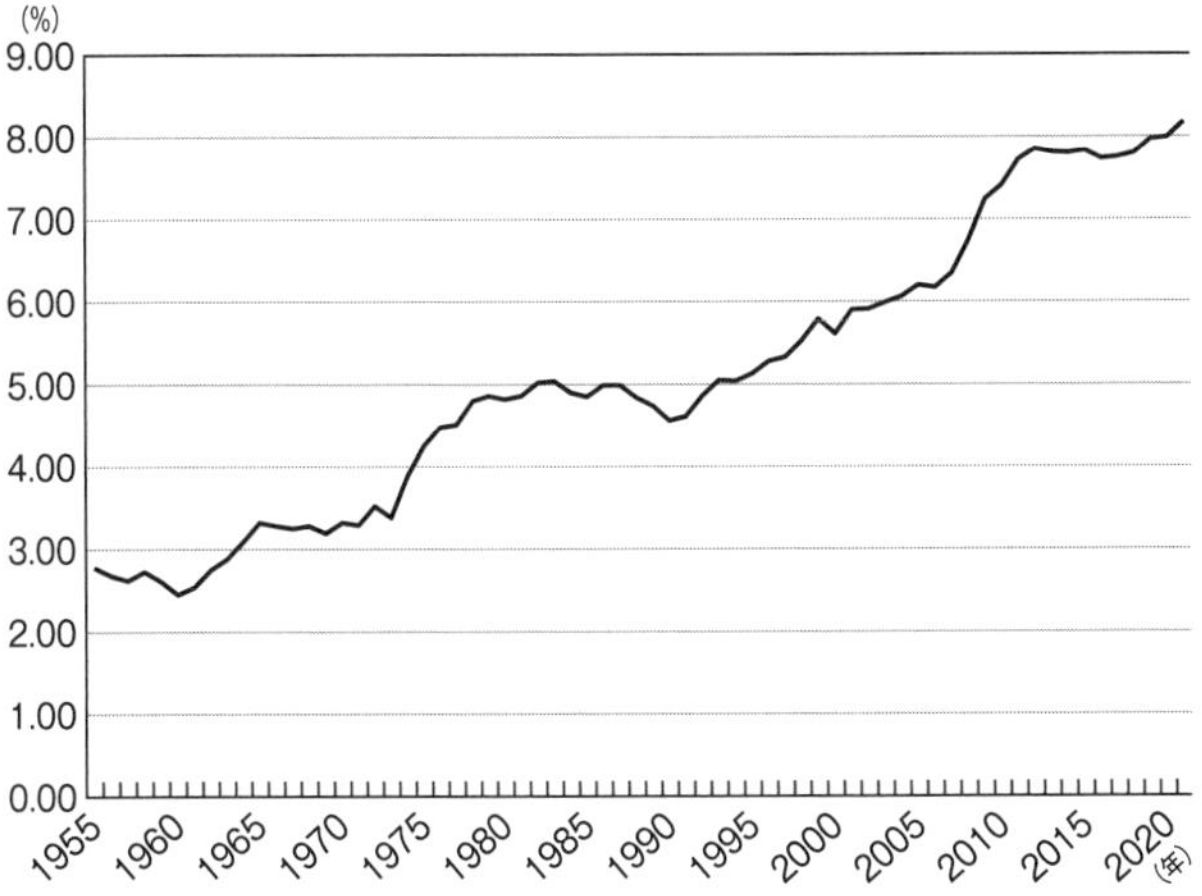

出所：厚生労働省のデータより著者作成

三菱総合研究所が、２０２４年1月、医療・介護費に関する将来予測を行なった。その内容は、次のとおりだ。[3]

２０４０年の医療・介護給付費は最大で２０２３年の６割増となる89兆円まで膨らむ。しかし、税収から医療・介護に充てられる額は56～66兆円にとどまる。医療制度改革によって６兆円超を手当てできると想定しても、12～27兆円不足する。

仮に27兆円をすべて保険料で徴収するとすれば、20～65歳の現役世代で、一人当たり年46万円程度の負担増となる。企業で働く人の場合は、本人が負担する保険料が年間で23万円増える。

絶対額ではこのようになるのだが、対ＧＤ

P比ではどうだろうか？

前述した「２０４０年を見据えた社会保障の将来見通し」では、２０２５年度の給付費はＧＤＰ比で21・８％の１４０兆円程度と見ていた。うち医療費の対ＧＤＰ比は、７・３〜７・５％だ。ところが、２０２３年度の予算ベースですでに23・５％に達しており、推計を上回る負担増になっている。

そして、政府見通しでは、２０４０年度の医療費の対ＧＤＰ比は、８・４〜８・９％と見積もられていた。

三菱総研の予測では、２０４０年のＧＤＰは２０１８年の１・32倍と想定している。だから、２０４０年の医療費が２０１８年の６割増しであれば、対ＧＤＰ比は、２０１８年度の７・０％から、1.6÷1.32＝1.21倍になって、８・48％になるはずだ。

つまり、対ＧＤＰ比で見ると、三菱総研の予測は、政府とほぼ同程度のものと考えられる。

■若年者の負担と高齢者の負担

後期高齢者医療制度における医療給付費の財源は、被保険者の保険料（約１割）に加え、国・都道府県・市区町村による公費負担（約5割）がある。残りの約4割を、健康保険組合等が「後期高齢者支援金」として負担する。[4] このほかに自己負担分もあるのだが、高齢者の医療費の大部分は、若年者世代によって賄われるといってよい。

後期高齢者保険の2022年・2023年の被保険者一人当たりの平均月額保険料は、6472円だ。夫婦2人であれば、1年間で約15万円。ただし、所得で決まるので、高齢者であっても、高額所得である場合の負担は、かなり重くなる。[5]

高齢化の影響

高齢化に伴い、収支条件は悪化する。保険料率を引き上げるか、国庫負担を引き上げるか、あるいは、自己負担を引き上げる必要がある。

---

2 厚生労働省「令和2（2020）年度 国民医療費の概況」第1表 国民医療費、対国内総生産比率の年次推移
3 日本経済新聞「医療・介護費6割膨らむ」1月22日
4 東京いきいきネット、東京都後期高齢者医療広域連合「医療費の現状」
5 労務SEARCH「75歳以上の後期高齢者の値上げで保険料は毎月いくら？ 計算方法についてわかりやすく解説」

高齢者数が前述のように増えるので、高齢者一人当たり医療費が不変とすれば、高齢者の医療費は、2040年において、2020年の1・09倍になる。

他方で、15～64歳人口は、2020年の7509万人（対全人口比59・5％）から、2040年の6213万人（同55・1％）へと0・827倍になるので、一人当たりの高齢者医療負担は、1・09÷0・827＝1・32倍になる。

前記のように健保組合の保険料の増加率が3％未満にとどまるのは、過少推計に思われる。

保険料引き上げ以外の方法によって、収支を均衡させることが想定されているのかもしれない。その一つとして、自己負担の引き上げが想定されている可能性がある。

▩医療保険の自己負担を引き上げる動き

医療保険の自己負担率は、75歳以上の者は、1割（現役並み所得者は3割）だ。70～74歳までの者は2割（現役並み所得者は3割）。70歳未満の者は3割。6歳未満（義務教育就学前）の者は2割とされていた。

ところが、自己負担を引き上げようとする動きが生じている。後期高齢者保険の自己負担で、年収が200万円以上の後期高齢者の自己負担率は1割であったが、2022年10月から2割に引き上げられた。

2024年度においては、子育て支援給付制度が新設されたにもかかわらず、「実質的な負担増なし」という強引な説明が行なわれた。

自己負担増かは、目立たないし、人によって影響がさまざまなので、政治的反対が弱く、安易な財源調達手段として用いられる危険がある。こうした動きに対して、チェックをする必要がある。

高齢者自身も一定の負担を負うべきであり、自己負担の増加それ自体を排除するのは適切ではない。ただし、その仕組みについては、検討が必要だ。

自己負担の基準で、資産保有状況は考慮されていない。これは、公平の観点から大きな問題だ。そして、人手不足に対処するために高齢者の就労率を引き上げる必要があるという要請にも反する。この点についての制度改革が必要だろう。

2 医療費自己負担の増加は、負担の増加ではないのか？

■子育て支援金の何が問題か？

政府施策の負担に対する原則が混乱してきた。そして、ごまかしの議論が横行し始めている。

複雑なごまかしなので、「どこかおかしい」と思いながら、それがなぜおかしいのかがよく分からない。そのために、おかしな説明に基づくおかしな政策が、堂々とまかり通っている。日本の経済政策は末期的な状況に陥っている。

その代表例が、２０２４年度予算の焦点の一つである「少子化対策予算」だ。

これに対する基本的な方針は、２０２３年12月22日のこども未来戦略会議で示された。すなわち、児童手当の延長や所得制限撤廃、大学無償化などで、３・６兆円の施策を行なう。

このための財源は、歳出改革で１・１兆円、支援金で１兆円、既定予算の活用で１・５兆円とされた。

問題は支援金だ。第2章でも述べたように、医療保険の給付に充てられることを目的として徴収された保険料を、「少子化対策」という別の用途に流用してしまうのは、全く正当化できない。

この問題で本来議論されるべきは、まず、今回の少子化対策によって本当に出生率が上がるのかどうかだ。さらにいえば、いまの時点で出生率を上げることが、高齢化対策として適切なのか否かだ。仮にこれらの論点がクリアされるとしても、そのための財源は増税であるべきだ。

ところが、実際には、施策の効果に関する検討は素通りして、支援策が決まった。そして、増税が最初から否定され、負担増をいかに見えにくくするか（有り体に言えば、「ごまかすか」）が考えられている。本末転倒もはなはだしい。

負担ゼロは「見せかけ」か？

政府は当初、医療費を削減する予定だった。予算折衝の過程で、財務省は、診療報酬本体（医師や看護師の人件費）のマイナス改定が適当との財政制度等審議会の答申に基づき、診療報酬の本体を1・1％削減する案を提案した。そうすれば、医療保険全体としての支出を増やすことなく、支援金を作り出すことができると考えたのだろう。

ところが、実際には、医師会の強い反対にあって、診療報酬の本体は、0・88％増になってしまった。薬価は引き下げたが、診療報酬全体では0・12％減にしかならなかった。[6] これに加えて支援給付を増設すれば、医療費全体は増えてしまうだろう。

ところが、岸田首相は、国民負担の増加なしに少子化対策を実現すると強調してきた。右記のようなことになれば、この説明と矛盾するのではないか？

矛盾するという報道もある。それによれば、保険料の引き上げは不可避だが、それにもかかわらず、2023年12月20日の大臣折衝《せっしょう》で、賃上げ措置による社会保険の負担は負担増と見なさないと合意した。これは「見せかけ」の負担ゼロだという議論だ。[7]

なお、私がチェックしたかぎり、12月20日の大臣折衝に関する厚労省の発表には、そのような「合意」は見つけられなかった。

「国民負担」の定義は妥当か？

医療費全体が増えれば、保険料を引き上げなくとも、患者の自己負担は増える。これを

「負担」と見なすかどうかは、重要な問題だ。

「国民負担率」は、税及び社会保険料の国民所得に対する比率として定義されている（第3章の3参照）。自己負担はここには含まれないので、それがいくら増えても、国民負担率は変わらない。だから、保険料率を引き上げないかぎりは、岸田首相が言うとおり、国民負担の増加なしに少子化対策を実現できることになる。

この説明は、形式的に言えば間違いではない。ただし、これが普通の人の感覚に合わないことも間違いない。

自己「負担」の増加が「負担」の増加でないというのは、語義矛盾のような気がするし、何よりも、国民の一般的な感覚には合わないだろう。病院の窓口で支払う金額が増えるのに、「これは負担増ではありません」と言われて、納得する人はいないだろう。

しかし、これは難しい問題をはらんでいる。例えば、公的年金の給付を削減したとしよう。そうなれば年金生活者の生活は苦しくなるから、負担は増加したといってもよいだろ

６　厚生労働省「武見大臣会見概要（財務大臣折衝後）」２０２３年12月20日

７　朝日新聞「微減の裏でやっぱり膨張」２０２３年12月23日
朝日新聞「『見せかけ』の負担ゼロ」２０２３年12月25日

う。しかし、年金の給付額がいくら減ったところで、国民負担には影響がない。形式的に言えば、医療費自己負担の増加は、これと同じ問題だ。

つまり問題は、「国民負担」の定義が妥当かどうかということなのだ。現在の定義であれば、医療費自己負担がいくら増えても、国民負担が増えないと政府が言うのは当然だ。しかし、その定義が妥当なものかどうかが問われているのである。

自己負担問題の重要性は増す

この問題は、今後重要性を増す。実際、さまざまな施策の財源として医療保険や介護保険の自己負担率の引き上げが、すでに提起されている。

医療保険については、2割負担の拡大がすでに行なわれている。さらに介護保険の自己負担を増加させることが提起された。これは実現しなかったのだが、実現すれば、右で述べた医療保険の場合と同じように、普通に考える意味での国民の負担は増加することになる。

自己負担はあまり目につかないので、今後もさらに行なわれる可能性がある。しかし、増やされる人の側から言えば、かなり大きな負担増になってしまう。

したがって、「定義によって自己負担は国民負担に含まれません」と言って終わりにするわけにはいかない。この問題については、さらに突っ込んだ検討が必要だ。

とくに、医療保険や介護保険における自己負担のあり方について、議論する必要がある。現在は所得によって差がつけられているが、所得だけでなく資産額も基準に加えるべきではないか、などの問題がある。

そして自己負担率の適正な水準がいかなる水準なのかについての議論が必要だ。それは、税や社会保険料の適正な負担率がどのようなものなのかという問題と同じように、重要な問題になってくる。

適切な自己負担が必要

なお、自己負担の増加は必ずしも悪いことではない。第3章で見たように、日本の老人医療は、当初、全額自己負担なしで発足した（ただし、一部の高所得者を除く）。このために、必要がなくても病院に行く人が増えるというおかしな事態が発生した。同じことが、介護保険についても言えるだろう。もし自己負担がなければ、必要性が疑わしい場合にもサービスが使われるということになりかねない。

こうした事態が増えれば、社会保険としての機能を果たせないことになってしまう。これを防ぐためにも、一定の自己負担を求めるのは、必要なことだ。

第6章のまとめ

1. 高齢化に伴って医療費が増加する可能性が高い。医療費の自己負担率の引き上げは避けられないだろう。

2. 子育て支援金は、実質的には医療費の自己負担の増加によって賄われることになる。これでも「国民負担の増加なし」と言い切れるか？

第7章

介護保険の崩壊を何とか食い止めなければ

1 待ち構えるのは介護地獄

介護問題はますます深刻化する

老老介護、介護離職など、介護を巡る悲惨な話が、いくつも報道されている。

いったん要介護状態になると、そこから抜け出せないことが多い。家族に要介護者が出れば、その家族は、大きな影響を受けざるをえない。厚生労働省の雇用動向調査によると、2021年に個人的理由で離職した人のうち「介護・看護」を理由とする人は約9・5万人に上った。

現在すでに、介護は多くの人が直面する深刻な問題となっている。

介護や支援を受けている人はどの程度いるか？　範囲の違いで数字が微妙に異なるので注意が必要だ。要支援・介護認定者数は、2021年度末で、約690万人となった（第1号被保険者のみでは、図表7-1に示すように、約677万人。また、要介護だけだと487

‖図表7-1‖　第1号被保険者の状況(男女計、単位:人)

区分	65歳以上75歳未満	75歳以上85歳未満	85歳以上	計
保険者数	17,152,193	12,342,775	6,391,916	35,886,884
要支援1	117,321	411,234	433,691	962,246
要支援2	119,718	355,480	456,939	932,137
要介護1	143,077	489,702	775,560	1,408,339
要介護2	130,407	355,552	649,424	1,135,383
要介護3	92,306	254,369	552,825	899,500
要介護4	83,866	228,005	546,602	858,473
要介護5	66,530	160,834	342,553	569,917
総数	753,225	2,255,176	3,757,594	6,765,995

出所:厚生労働省「令和３年度　介護保険事業状況報告(年報)」

‖図表7-2‖　年齢別要支援要介護比率(男女計、単位:%)

区分	65歳以上75歳未満	75歳以上85歳未満	85歳以上	計
要支援1	0.68	3.33	6.78	2.68
要支援2	0.70	2.88	7.15	2.60
要介護1	0.83	3.97	12.13	3.92
要介護2	0.76	2.88	10.16	3.16
要介護3	0.54	2.06	8.65	2.51
要介護4	0.49	1.85	8.55	2.39
要介護5	0.39	1.30	5.36	1.59
総数	4.39	18.27	58.79	18.85

出所:厚生労働省「令和３年度　介護保険事業状況報告(年報)」

万人だ。[1]

公的介護保険制度がスタートした2000年度には要支援・介護認定者数は218万人だった。[2]それが、2003年に336万人、2013年に564万人と増加し、2015年度には600万人を突破した。高齢者人口もこの間に増加したので、当然のことと言えよう。

日本の高齢化は今後も続く。世界のどの国もこれまで経験したことのない高齢化がこれから起こる。したがって、介護問題も、今後ますます厳しさを増すだろう。

■85歳以上で要支援・介護にならないのは、稀なこと

要支援・介護になる人の比率を年齢階級別に示すと、図表7-2のとおりだ。

第1号被保険者全体について見ると、18・9%だ。決して低い比率ではないが、それでも、5人に4人は介護・支援が必要にならないような気がする。

しかし、実はそうではない。右の数字は、第1号被保険者のすべての年齢階級についての平均値だが、要支援・介護の必要性は、年齢が上がると急上昇するからだ。

このことは、データで確かめられる。図表7-2に示すように、要支援・介護の比率は、85歳以上になると、58・8%にもなる。夫婦が同年齢と仮定すれば、夫婦のどちらも要支

援・介護になる確率が、34・６％もある。どちらかが要支援・介護になる確率は、48・９％と、半分近くになる。どちらも要支援・介護にならない確率は、17・０％でしかない。

このように、85歳以上になると、介護という問題から全く無関係でいられるのは、むしろ稀な事態になってしまうのだ。何かの拍子に転んで骨折し、介護が必要な状況になるということなどが、ごく普通に起きてしまう。

このように、右に述べた18・９％という数字は、大いにミスリーディングだ。介護問題の深刻度は、年齢の差を考慮しない平均値では、理解できないものなのだ。

なお、介護が深刻な事態だというのは、高齢者だけの問題ではない。若くて自分自身は介護が必要なくても、親が要介護状態になる可能性がある。

こう考えると、介護問題は、すべての日本人にとって、最も重要な問題の一つであるということができる。

1　厚生労働省「令和３年度　介護保険事業状況報告（年報）」。なお、第１号被保険者は65歳以上の人で、第２号保険者は40歳以上65歳未満の医療保険加入者。

2　内閣府「要介護度別認定者数の推移」

2　要介護人口が増える

■2040年には要介護・支援者が1000万人に迫るとの予測も

将来の推計としては、「介護分野の最近の動向」がある。[3]ここでは、要介護のみが推計の対象となっている。

それによると、2020年に531万人である要介護人口が、2040年に749万人になる。そして、2050年に751万人になり、2060年には794万人になる（2016年に行なわれた推計であるため、2020年の数字は、実際の数字とは一致していない）。

この推計では、2040年の数字は2020年に比べて約41％も多くなっている。

高齢化の指標として通常用いられる65歳以上人口は、2020年の3619万人から、2040年の3921万人へと、1・08倍になると推計されている（国立社会保障・人口問題研究所の2017年、中位推計）。これに比べると、要介護人口に関する前記推計値の増加率は、はるかに高い。

それは、要介護になる確率が、80歳台以上の年齢層で高くなるからだ。人口問題研究所の中位推計によると、80歳以上人口は、2020年の1160・9万人から、2040年の1578万人まで1・36倍に増加する。前記推計の要介護人口の伸びは、これとほぼ同程度だが、これよりも高い。

そして、2040年においては、80歳以上人口（1578万人）の実に半分近くに相当する749万人が、要介護になると推計されているのである。これは、恐ろしい見通しだと考えざるをえない。

それどころではない。要介護者数は、2040年には1000万人に迫るとの予測もある。[4]

3　厚生労働省「介護分野の最近の動向」2016年2月17日、P5

4　経済産業省 商務・サービスグループ「新しい健康社会の実現 4．介護における課題と対応」2023年3月、P34

3 介護従事者を確保できるか？

極めて高い有効求人倍率

介護従事者の賃金は低く、しかも、労働条件が厳しい。労働環境も劣悪な場合が多い。したがって、介護分野に人が集まらない。介護サービスの人手不足は深刻だ。

これは、有効求人倍率が高いことに現れている。２０２３年６月時点で、介護サービスの職業の有効求人倍率は４・06倍。[5] 全職業計の１・20倍と比べると、かなり高い。特に都市部で人材確保が困難だ。

訪問介護では、さらに深刻だ。厚労省の資料によれば、訪問介護を提供するヘルパーの有効求人倍率は、２０２２年度で15・53倍だ。[6] ヘルパー不足がいかに深刻かがよく分かる。

それだけでなく、ヘルパーの年齢も問題だ。平均年齢は54・４歳。しかも、65歳以上のヘルパーの割合が24・４％になる。腰痛等によってリタイアする可能性は極めて高い。

ヘルパーが不足し、デイサービスなど必要な在宅介護サービスを受けるのが難しくなっている地域もある。日本の介護は、在宅介護を中心とするという基本方針であったはずだ。しかし、実際には、訪問看護は、すでに崩壊寸前まで追い詰められている。これについて、本節の最後で再論する。

介護職員が減少している

介護職員数も、要介護者の増加とともに増加する必要がある。

現在、多くの介護施設の介護職員の人員配置基準は「3：1」の比率になっている。つまり入居者3人に対し、最低1人の常勤の介護職員を配置する必要がある。経済全体としても、要介護または要支援・介護人口の3分の1程度の介護職員が必要といえる。

2019年度において、介護職員は全国に約211万人いた。厚生労働省の試算では、2040年度には、約280万人の介護職員を確保する必要があると推計されている。これ

5　厚生労働省「一般職業紹介状況（令和5年11月分）について」

6　厚生労働省・社会保障審議会「介護給付費分科会（第220回）」資料1、令和5年7月24日

は、32・7%の増加だ。[7]

要介護者数は、前節の最初で述べたように、41%も増えると予測されているのだから、これはずいぶん控えめな見積もりのように思える。実際には、これでは足りなくなる可能性のほうが大きいのではないだろうか?

なお、「2040年を見据えた社会保障の将来見通し(議論の素材)」では、介護分野の従業者数(これは介護職員より範囲が広い)は、2020年の334万人から2040年の505万人へと51・5%増加すると推計されている。[8]

こうした推計があるにもかかわらず、現実には、逆のことが起きている。

厚生労働省の分析によると、2022年には、介護分野からの離職者が入職者を約6万3000人上回り、就労者が前年より1・6%減少した。離職超過は、初めての現象だ。

岸田文雄内閣は、2022年に介護職員の月収を平均9000円上げた。それにもかかわらず、他の業種で賃上げが行なわれたために、転職者が増えたと見られる。

ロボットやICT(情報通信技術)の導入などによる効率化は必要だ。しかし基本的には、この分野の職員が増えることしか対処の方法はありえない。そして、そのための基本的な方策は、賃金を引き上げることだ。

深刻な労働力不足

右に見たように、今後、介護分野での就業者数は、著しく増加しなければならない。しかも、それは、経済全体での就業者数が減少する中で行なわれなければならない。前記「介護分野の最近の動向」によると、就業者総数は、２０１８年度においては６５８０万人だ。そして、２０４０年度においては５６５４万人になる。したがって、介護分野の就業者が全就業者に占める比率は、２０１８年度の５・08％から、２０４０年度には８・93％に上昇する。

医療福祉全体での就業者総数は、２０１８年度の８２３万人から、２０４０年度の１０６５万人になる。したがって、全就業者に占める比率は、２０１８年度の12・５％から、２０４０年の18・８％に上昇する。

したがって、医療福祉以外の産業は、深刻な労働力不足に直面することになる。そして、

７　厚生労働省「８期介護保険事業計画に基づく介護職員の必要数について」

８　内閣官房・内閣府・財務省・厚生労働省「２０４０年を見据えた社会保障の将来見通し（議論の素材）概要」平成30年５月21日

医療介護産業が拡大する半面で他の産業が縮小するため、日本の産業構造は大きく変わる。

■外国人労働力に頼れるか？

日本の多くの人々は、日本が外国人を受け入れると要望すれば、外国人労働者がいくらでも来てくれると思っている。

確かにこれまではそうだった。しかし、この状況はすでに変わっている。なぜなら、日本の賃金が伸び悩み、しかも著しい円安が進んだので、日本の平均賃金が海外に比べて低下したからだ。

日本の賃金は、アジアのなかではまだ高い。しかし、日本が停滞しているあいだに他国の賃金は上がっている。したがって、労働者としては、日本ではなく韓国や台湾、中国に出稼ぎにいったほうが、高い所得を得られる可能性があるわけだ。だから、海外からの介護人材に頼ることは難しくなっている。将来はさらに難しくなるだろう。

なお、低賃金によって、外国人労働者が日本に来なくなるだけではない。日本の賃金の国際的な地位がさらに低下すれば、日本からも若い人材が海外に流出する。そうなれば、労働力不足がさらに深刻化するおそれがある。

■訪問介護は破綻寸前

介護分野での人材不足に対処するため、介護保険サービスの介護報酬が、2024年度から全体で1・59％引き上げられる。

しかし、訪問介護、定期巡回・随時対応訪問介護看護、夜間対応型訪問介護の3サービスの基本報酬は引き下げられる。訪問介護の引き下げ率は2％強だ。

本節の最初に述べたように、いまでも訪問介護の有効求人倍率は15倍を超える。このように人手不足が深刻なのに、報酬を切り下げられてしまっては、在宅介護は破綻してしまうだろう。

訪問介護事業所の収支が黒字だから切り下げるというのだが、人材を確保できないために人件費が減ったのが黒字の原因といわれる、実際、2023年には67件が倒産している（「週刊東洋経済」2024年2月17日号）。

医療従事者は政治的な力が強いので、第6章の2で見たように、報酬が上がる。ところが、介護従事者は政治的に力がないので、報酬を切り下げられる。この流れを何とか変えられないものか。

4 介護保険料引き上げはやむをえない

保険料が引き上げられ、さらに自己負担も増加

介護従事者の賃金を引き上げるには、介護保険料を引き上げる必要がある。厚生労働省は、2024年度から介護保険料を引き上げる方針だ。

介護に要する負担は、以上だけではない。介護保険は、介護費のすべてを給付するのでなく、自己負担がある。自己負担の仕組みは、サービスの種類や本人の所得などによって決まる。極めて複雑なものになっているが、基本は次のとおりだ。

自己負担率は基本1割だが、所得が多くなれば。2割・3割負担になる。所得が多く、介護費用が高額であれば、自己負担額もかなり高くなる(ただし、「高額介護サービス費における負担限度額」の制度があるため、無制限に増えるわけではない。最も所得が高い階層でも、月額4万4400円だから、かなりの額だ)。

政府は、２０２４年度に介護サービス利用費の２割自己負担者の対象を広げる方針を示し、少子化対策の財源確保に向けた社会保障改革の計画「改革工程」の素案に盛り込んだ。改革工程は、２０２３年12月５日の経済財政諮問会議で示された。２０２８年度までに金融所得や資産を考慮した負担のあり方を検討することも盛り込んだ。しかし、その後、年内の取りまとめを見送ることとした。

保険料引き上げだけでなく、労働力移動促進も必要

介護保険料引き上げは、将来のサービス確保のために必要な引き上げなのだから、多くの人の理解を得られるだろう。少子化対策のために健康保険料に上乗せするとか、リスキリングのために雇用保険料の一部を使うというようなことも提案されているが、そのような目的外の負担増ではなく、将来の介護を確実にするための負担だからだ。

ただ、単に負担を増加させるだけでなく、効率化による介護費用の抑制も必要だ。

もう一つ重要なのは、分野間の労働力移動の促進だ。

現状では、介護分野への労働力移動が十分にできていない。それだけでなく、労働者の企業間、産業間移動を妨げる政策が行なわれる。その典型が、コロナ禍での休業者の増加に対

応するために、雇用調整助成金の特例措置が拡充されたことだ。このため、雇用調整助成金の支給金額は、5兆円を突破するという巨額のものとなった。

産業構造が変わるとは、古くなった産業が縮小し、別の産業がそれに代わるということだ。だから、いつまでも同じ会社で働き続けるのは不可能だ。就業者は、古くなった企業から、新しい企業に移動しなければならない。それを円滑に実現できるような制度が必要だ。ところが、雇用調整助成金は、企業から企業への移動を妨げるように作用した。まるで逆の施策をしたとしか思えない。

大きな経済ショックが生じたときに、1年未満程度の短期間で用いられれば、ショックに伴う摩擦を軽減する働きがあるだろう。しかし、2年も3年も続くというのでは、弊害のほうがずっと大きくなる。雇用調整助成金が雇用を支え、社会不安が高まるのを抑えた効果があるのは間違いない。しかし、弊害があることも、また間違いないことだ。

第7章のまとめ

1. 介護は、高齢になれば、ほとんどの人が避けて通れない深刻な問題だ。
2. 要介護人口は、2040年には現在の1・4倍以上になると予測される。

3．介護従事者が増大する必要があるが、実際には、介護従事者が減少しており、外国人にも頼れなくなっている。人材の確保が深刻な問題だ。それにもかかわらず、訪問介護の基本報酬が引き下げられる。これでは、在宅介護は破綻してしまう。

4．このため、負担の増加が不可避だ。２０２４年度には、介護保険料が引き上げられ、自己負担率引き上げも論議される。介護人材のひっ迫に対処するには賃金の引き上げが不可欠であり、そのための介護保険料率引き上げはやむをえないだろう。ただし、それと同時にさまざまな施策が講じられる必要がある。

第8章

公平な税制こそ何より重要（その1）

1 政府は、リスク投資を煽るのでなく、公平な税制を目指せ

■新しいNISAが始まった

ＮＩＳＡ（少額投資非課税制度）は、一定限度の金融資産から得られる所得を非課税とする制度だ。２０１４年に始まったこれまでの制度が２０２３年末で終了し、２０２４年1月から新しいＮＩＳＡが始まった。新ＮＩＳＡでは、年間の投資枠が最大３６０万円、非課税保有限度額が１８００万円に拡充された。

ところで、株式や投資信託などの金融資産から得られる売却益や配当などの所得に対しては、もともと、分離課税を選択することができる。これを選択すれば、所得の金額によらず、一律20・３１５％の税率となる（所得税15％、住民税5％に０・３１５％の復興特別所得税を加算したもの）。他の所得の場合の最高税率が55％（所得税の税率45％に住民税の税率10％を加えたもの）になるのと比べると、ずいぶん低い。所得税の原則は、すべての所得を合算し

て累進税率を適用することなので、この措置は、金融資産所得を優遇するものになっている。

ＮＩＳＡは、優遇措置をさらに拡大するものだ。この措置は、金融資産所得の拡大が必要との考えから導かれた。

２０２２年11月、「新しい資本主義実現会議」で「資産所得倍増プラン」が決定された。家計金融資産の半分以上を占める預貯金を投資に繋げることによって、持続的な企業価値向上の恩恵が資産所得の拡大という形で家計にも及ぶ「成長と資産所得の好循環」が実現するとされた。そのための切り札がＮＩＳＡというわけだ。

ＮＩＳＡは、本当にそれほど大きな効果を持つのだろうか？　そして、預金からリスク資産へのシフトは、望ましいことなのだろうか？　以下では、この問題を検討する。

■ＮＩＳＡはリスク投資を増やす効果を持たないだろう

ＮＩＳＡが資産選択に与える影響を、次の２つに分けて考えることができる。

Ａ：リスクのない投資（銀行預金）か、リスクがある投資（株式投資等）かの選択。

B：リスクのある投資をする場合に、分離課税とＮＩＳＡのいずれを選択するか。

まずBの問題を考えよう。ＮＩＳＡを選択することによって税負担がなくなる。ただし、良いことばかりではない。同時に、以下の税制上のメリットを失う。

第一は、他の口座の損益を通算できないこと。第二は、損失の繰り越しができないこと。リスクのある投資の場合、右記の措置（とくに損失繰り越し）の効果は大きい。これと無税とどちらが有利かは、場合によって違うので何とも言えないのだが。少なくとも、ＮＩＳＡがあらゆる場合に有利と言えないことは明らかだ。

極めて大雑把《おおざっぱ》に言えば、ＮＩＳＡによる非課税は、右記の税制上のメリットの喪失と見合っていると考えてもよいのではないだろうか。

そうであれば、分離課税を選択する投資額に制約が加えられているわけではないので、ＮＩＳＡによってリスク投資の総額が増えることはないはずだ。

■ＮＩＳＡによる節税効果はどの程度の大きさか？

ここで、ＮＩＳＡによる節税効果がどの程度の大きさかを評価しておこう。

ＮＩＳＡ残高の限度額は１８００万円だ。平均利回りを年利３％と見積もれば、限度額まで貯蓄した場合の年間収益は50万円。それに対する約20％の税は約10万円だ。

積み立ての途中では残高が少ないので、収益も節税額も小さくなる。残高が９００万円の時点を考えれば、年間収益は25万円。それに対する税は約５万円だ。

もちろん、複利計算によって、早い時点の節税額が、その後雪だるま式に増えていくという効果があるのだが、将来の利益は割引いて考える必要があることに注意が必要だ。したがって、投資を始める時点においての大雑把な評価としては、中間時点での節税効果である年間５万円程度と考えてもよいだろう。

これは、それほど大きなものとは考えられない。したがって、ＮＩＳＡが人々の投資行動に与える影響効果は、ごく限定的なものだと考えざるをえない。

■「貯蓄から投資」はナンセンス

次に、Ａの問題、つまり、リスクのある資産とない資産の選択の問題を考えよう。

日本ではリスクのない資産である銀行預金の比率が高すぎ、これが日本経済の活性化の障害になっているという見方がある。

しかし、次の2点に注意が必要だ。第一に、銀行預金は、銀行の金庫で眠っているわけではない。これは、企業などへの貸し付けに使われ、それを用いて投資などが行なわれている。企業の投資が株式で賄われるか、銀行からの借り入れによって賄われるかの違いをもたらすだけだ。

では、借り入れで資金調達をすると、企業はリスクをとらなくなるのだろうか？　そんなことはない。1980年代後半のバブル期、多くの日本企業は不動産投機という極めてリスクの高い行動に走り、そして破綻した。いま日本企業がリスクをとらないのは、円安で利益が自動的に増えるからだ。

■リスク資産が望ましいわけではない

第二に注意すべきは、資産保有者の立場から見て、リスクのある運用が必ずしも望ましいわけではないことだ。

ファイナンス理論の最も重要な結論は、期待収益率だけを見て資産選択をしてはいけないということだ。リスクを考慮しなければならない。

銀行預金の収益率が低いのは、元本割れになることがないからだ。株式投資の期待収益率が高いのは、リスクが高いからだ。収益率の高さを求めるなら、もっとリスクの高いFX取引や外貨預金をすればよい。しかし、危険極まりない。

リスクとリターンのどのような組み合わせが望ましいかは、人によって違うので、ハイリスク・ハイリターンが良いとは限らない。若年者ならハイリスク投資で失敗しても取り戻せる可能性があるが、高齢者では、挽回《ばんかい》できない可能性が高い。だから、老後のための資金の運用に慎重になるのは当然のことだ。

NISAの広告には「2003年に100万円投資していたら、日本株の平均で、20年後のいまは、254万円になった」というような図が示されている。確かにそのとおりなのだが、それは、2003年ごろは、平均株価が歴史的な安値に沈んでいた時代だからだ。これが一般的なことであるかのように宣伝するのは、大いにミスリーディングだ。

実際、日本の平均株価は、2024年2月末までは、バブル期の最高値を取り戻せなかった。だから、絶頂期に株を購入し、いまだに含み損を抱えている人は、数多くいる。アベノミクスで金利を下げ、日銀がETFを購入し、そして超円安を容認したにもかかわらず、そうなのだ。

土地投資でも、値上がり確実と言われていた別荘地を購入し、その後、地価の下落で売りたくとも売れず、固定資産税や管理費の負担に苦しめられている人も少なくない。

税制に要求される重要な条件は、公平性と中立性だ。金融資産所得に対する分離課税やNISAは、公平原則の明らかな侵犯だ。そして、少なくとも原理的に言えば、中立性をも犯している。政府が本来取り組むべきは、こうした状況を是正することである。政府が行なおうとしているのは、その正反対のことだと考えざるをえない。

2　金融所得課税の改革が必要――「１億円の壁」

所得税は総合課税が原則だが「１億円の壁」があった

日本の所得税制における大きな不公平は、金融資産から生じる所得に対する課税の特例措置だ。

所得税の原則は、所得を合計して課税する「総合課税」だ。そして、所得が高いほど税率が上がる（5～45％）。ところが、株式譲渡益、利子所得、配当所得などは、申告不要の分離課税を選択することができる。

一般に、高所得者ほど、所得に占める金融所得の割合が高くなる。富裕層の所得の多くは、非上場株式の譲渡益だと言われている。このため、所得税の負担率は、所得５０００万円超１億円以下で最高値27・1％となり、これ以上は、所得が増えるほど負担率が下がる。

この問題は、「１億円の壁」と呼ばれていたものだ。

政府税制調査会は、２０１６年度税制改正大綱で、この問題について、「税負担の垂直的な公平性を確保する観点から検討する」とし、その後も毎年、これを検討課題としてきた。

課税強化は、「岸田ショック」で見送りに

岸田文雄氏は、２０２１年9月、自民党総裁選の政策として、「1億円の壁」の打破に向けた金融所得課税の見直しを掲げた。

ところが、岸田氏が自民党総裁に選出されると、「岸田ショック」と言われたように株価が下落した。そして、２０２１年12月の与党税制改正大綱では、「税負担の公平性を確保する観点から金融所得に対する課税のあり方について検討する必要がある」とはしつつも、「一般投資家が投資しやすい環境や市場への影響も踏まえて総合的な検討を行なう」と大幅に後退してしまった。

最低22・5％の税負担としたが、解決にはほど遠い

政府は、２０２３年1月の通常国会で、所得が30億円を超える超富裕層に対して追加の税負担を求め、最低22・5％の税負担を求める法案を提出した。これは、「1億円の壁」の是

正を目的としたものだ。2023年度税制改正は、3月28日に可決・成立した。

岸田文雄首相が提起した金融所得課税の強化は封印され、限られた超富裕層だけを対象とした増税となったのだ。

いうまでもなく、金融所得課税の問題は、これで解決できたわけではない。分離課税そのものが、依然として問題だからだ。

これまで述べたのは、ごく一部の超富裕層についての問題だ。これからは、もっと広い層にわたる適正化が必要だ。

▒資産の海外逃避？

富裕層の金融所得の税負担が勤労所得より軽いことは、公平の原則に著しく反している。そして、これは、格差拡大の大きな原因の一つになっている。

それにもかかわらず金融所得を除外するのは、金融所得を給与所得などと同じように課税すると、金融資産が負担の低い外国に逃避するおそれがあるからだと言われる。

実際、多くの国で金融所得への分離課税が採用され、給与所得や事業所得よりも低い税率が設定されている。アメリカでも、金融所得は分離課税されている。そして、給与所得にかかる連邦税が最高税率37％であるのに対して、配当所得などの所得税は3段階に分かれ、最大税率でも20％だ。そして、「1億円の壁」と類似の現象は、アメリカでも見られる（もっとも、日本ほど明確ではない）。

しかし、タックスヘイブンへの資金流出のおそれがあるからといって、国内税制の著しい不公平が正当化されるわけではない。不公平はあまりに大きいので、税制の見直しは是非とも必要だ。それに、いくら税率を低くしたところで、流出は完全には止められない。必要とされるのは、資産所得優遇税制ではなく、タックスヘイブン対策だ。

また、タックスヘイブンへの資金流出のおそれがあるのは、ごく一部の超富裕層であろう。それ以外の一般の資産保有者に関しては、海外流出をあまり恐れることなしに、課税の適正化を実現できるはずだ。

3　マイナンバーで資産を把握できる

マイナンバーで資産を把握できる

金融所得の総合課税を行なうにしても、社会保険料や自己負担に資産所得や資産保有状態を反映させるにしても、金融資産を課税当局が把握できることが必要だ。

では、資産保有状況を把握できるだろうか？　これについての条件は、整備されつつある。

２０１６年１月以降、証券口座を新規に開設する場合は、マイナンバーを告知することが必要となっている。

これは、証券会社が税務署に対して、利用者の特定口座の税金計算や納付、各種支払調書の交付、証券取引に関する法定書類の作成・提供などを行なっているためだ。そして税務署に提出する各種書類には、顧客のマイナンバーを記入することが義務付けられている。

銀行口座に関しては、２０１８年から預金者に対して銀行へのマイナンバーの登録を求めることになった。これは当面、義務ではなく任意だが、銀行口座についてもマイナンバー告知の義務化を推し進めていく予定だ。

■マイナンバー法を改正

改正マイナンバー法が、2023年6月2日の参院本会議で可決、成立した。

これによって、健康保険証を廃止し、マイナンバーカードと保険証を一体にする「マイナ保険証」の普及をめざすこととなり、それが大きな議論を呼んだ。ただし、ここには、それ以外に、重要な改正が盛り込まれていた。

一つは、税と社会保障、災害対策の3分野に限ってきたマイナンバーの活用範囲を広げたことだ。

もう一つは、政府などの給付金を個人に迅速に配るため、口座の登録を広げる措置を盛り込んだことだ。自治体などが保有する住民の預貯金口座番号を、マイナンバーに紐付けて公金受取口座として登録する仕組みを導入する。

■マイナンバーカードとは別の問題

前項の最後に述べた2つの問題（マイナンバーの活用範囲拡大と公金受取口座）は、マイナンバーカードの問題とは別である。マイナンバーとマイナンバーカードは、しばしば、混同されるので注意が必要だ。

健康保険証の切り替え問題は、マイナンバー「カード」の問題だ。これに対して、マイナンバーというのは、国民背番号のことである。すべての国民に自動的に割り振られている。

前項の最後の2点は、マイナンバーをどのような用途に用いるかという問題だ。公的年金の振り込みや、マイナンバーとすでに紐付けて地方団体に届けてある口座のデータを、政府が利用しようというものだ。

それによって、今後政府からの給付金などが支給される場合に、事務手続きが効率化できる。公的機関にすでに届けてある情報を政府が使うということだから、とくに問題はないだろう。

■マイナンバーの利用範囲を拡大

マイナンバー法では、マイナンバーの利用範囲は、社会保障、税、災害対策に限定されていた。事業者は、社会保障および税に関する手続書類の作成事務を行なう必要がある場合に限り、本人にマイナンバーの提供を求めることが可能とされていた。

その利用は厳しく制限されており、税と社会保障および災害対策のうち、マイナンバー法の別表に記載された事務に限って利用が可能とされていた。

具体的には、マイナンバー法の「別表1」でマイナンバーを使える行政機関とその業務を列挙し、「別表2」でマイナンバーを使って情報連携ができる行政機関やその業務を並べていた。

別表の記載内容を変えるにはそのたびに法改正が必要で、マイナンバーを柔軟に利用できないという問題があった。例えば新型コロナ禍での特別定額給付金の給付事務ではマイナンバーを使えなかった。

今回の改正で、別表1に規定されている業務に「準ずる事務」であれば、法律に規定がなくてもマイナンバーを使えるようにした。そして、別表2は政省令に格下げした。

3分野に限っていた利用範囲を自動車登録や国家資格、在留外国人の行政手続きなどに広げた。

■口座の名寄せには、すべての銀行預金をマイナンバーに紐付ける必要

ただし、今回の改定は、「すべての銀行預金口座をマイナンバーに紐付ける」ことと、２つの点で違う。

第一は、紐付けられていない口座も残ることだ。第二は、紐付けを拒否することも可能であることだ。

すべての銀行預金口座を強制的にマイナンバーに紐付けることとすれば、口座の名寄せが可能になる。したがって、隠し口座を持つことができなくなる。

これに対しては、極めて強い反対がある。

資産把握のためだという反対が起こるからだ。これは、かって提案されたグリーンカードが実現しなかった理由だ。マイナンバーカードの前身である住民基本台帳カードも、こうした反対のために、廃止に追い込まれた。

私は、こうした紐付けはなされるべきだと思う。そうすれば、税務署は、納税者の資産を正確に把握でき、公正な課税が可能になるからだ。

また、社会保険の自己負担などを、現在のように所得条件だけで決めるのでなく、資産条件で決めることが可能になる。

■名寄せができれば、税務調査は容易に

すべての銀行口座がマイナンバーに紐づけられれば、税務調査が容易になる。その理由は、次のとおりだ。

現在でも、税務署は職権によって銀行口座の内容を調べることができる（特に相続税の調査の場合）。

ただし、「どの口座を調べるか」という問題がある。東京にいる人が遠く離れた場所（例えば、鹿児島県）の支店に隠し口座を持っているとすると、その存在は、税務署にもおそらく分からないだろう。だから、その隠し口座を見つけられない可能性が高い。

しかし、すべての銀行口座がマイナンバーに紐付けられていれば、名寄せができる。だから、どの口座を調べたらよいかが分かる。

繰り返し述べるが、以上で必要なのはマイナンバーであって、マイナンバーカードは必要ない。

■住基ネットは無残な失敗に終わった

１９８０年代に、税務当局の主導で、「グリーンカード」の導入が計画された。国民に納税番号をつけ、支払いサイドからのデータを用いて収入状況を捕捉しようというものだ。

しかし、これに対して、農業者や中小企業、自営業者などから反対が広がった。そして、グリーンカード計画は中止に追い込まれた。

２０００年代初めには、「住民基本台帳ネットワークシステム」(「住基ネット」)が導入され、２００３年8月25日から本格稼働が始まった。これは、日本における初めての国民総背番号制度だった。

住民基本台帳の情報をデータベース化し、各市町村のデータをネットワークでつないだ。住民基本台帳は、氏名、生年月日、性別、住所などが記載された住民票を編成したもので、住民に関する事務処理の基礎となる。そして、電子証明書が格納された「住基カード」が発行された。

住基ネットには、２００２年から毎年１３０億円が支出され、13年間で２１００億円、自治体の初期費用・維持費用も合わせると1兆円近い税金が使われた。

しかし、これに対しては、「国民総背番号制度」の復活であるとして、大反対が起こった。どんなメリットがあるのかが、はっきりしない。それなのに、なぜ政府は熱心に導入しようとするのか？　この裏には何かあるのではないか？　多くの国民が、このように考えた。

とくに問題とされたのは、国民監視やプライバシー侵害、情報流出の危険性だ。そして、「監視・徴税強化社会はＮＯ」とのスローガンの下で、各地で違憲訴訟などの住基ネット訴訟が相次いだ。

これらに対しては、２００８年に最高裁が住基ネット合憲の判決を下した。その要旨は、住基ネットが扱う情報は「秘匿性の高い情報とはいえない」、住基ネットの仕組みは「外部からの不正アクセスで情報が容易に漏えいする具体的危険はない」とのことだった。

しかし、結局のところ、住基カードは普及せず、交付枚数は７１０万枚（２０１５年3月）にとどまった。普及率は５・５％にすぎなかった。そして、２０１５年末に更新手続きが終わった。つまり、無残な失敗に終わったのだ。

▩国民コントロールの手段に用いられる危険

課税の公平の観点からいえば、口座の名寄せができるのは、望ましいことだ。多くの国民にとっては、そうされたところで、何の問題もないだろう。

日本政府が現在のように民主的なものであり続ければ、これが国民管理に使われるというようなこともないだろう。だから、課税の公平が実現されるメリットの方が大きいだろう。

しかし、現実には、こうしたことには、賛成が得られない。そして、強制紐付けは、国が国民を監視するための手段だと見なされる。

もちろん、そうしたことが生じないという保証はない。仮に将来、強権的な政府が現れたとしよう。その政府が国民コントロールの手段としてこれを悪用することは、十分考えられる。預金口座のデータを調べれば、直接に個人の生活を知ることができるので、プライバシーが犯される。したがって、この方式は、政府に対する強い信頼がある場合にしか導入できない。次項で述べるように、北欧諸国では、そうした信頼があるので、国民背番号による銀行ログインができる。

この問題は、結局のところ、国民が国を信頼するかどうかにかかっている。口座の強制紐付けが、国民のためになることなのか、そうではないのかの判断だ。政府に対する不信感がある限り、デジタルＩＤを広く普及させるのは難しい。

国が国民の全幅《ぜんぷく》の信頼を獲得するとは、国は国民のためにならないことは決してしないという確信が確立されることだ。それは、容易なことではない。しかし、それこそが、マイナンバーと銀行口座の強制紐付けにとって不可欠の条件なのである。

4 政府への信頼の上に立つ北欧の国民背番号

■スウェーデンの国民背番号PIN

スウェーデンでは、1947年に、PIN（Personal Identification Number）と呼ばれる個人識別番号を導入した。これは、日本の場合の「マイナンバー」に相当するものだ。

個人の本人確認やさまざまな情報の管理に使われており、携帯電話の契約、医療機関の診察、税の申告、パスポートや運転免許証の申請などに必要とされる。また、銀行口座の開設の際にも必要とされる。国民のPIN使用に対する抵抗感は強くない。

2003年に導入されたBank IDは、日本の「マイナンバーカード」に相当する。単なる番号ではなくて、電子署名と電子証明を行なう。これが、インターネットバンキングの共通IDとされた。2012年にはモバイル決済サービスSwishのIDに使われて利用が拡大した。

デンマークやエストニアにも似た仕組み

デンマークにも、スウェーデンと似た仕組みがある。まず、個人番号としてＣＰＲがある。これは、銀行口座とも紐付けされている。そして、これと紐付けて本人証明を行なうNemIDがある。

エストニアでは、デジタルＩＤであるe-IDカードが広く利用されている。

スウェーデンの場合も、デンマークやエストニアの場合も、「個人識別番号やデジタルＩＤを政府が悪用することはないだろう」という国民の信頼が、こうした制度を支えている。

日本の場合、政府はそうした信頼確立に努力をせず、「マイナポイント」などの姑息な手段で普及をはかったり、反対を押し切って健康保険保険証をマイナンバーカードに切り替えようとしているだけだ。

第８章のまとめ

1．新しいＮＩＳＡが日本再生の鍵であるかのように言われることがある。しかし、ＮＩＳＡはリスク投資を増やす効果を持たないと考えられる。そもそも、「貯蓄から投資へ」という考え自体が間違っている。

2．日本の所得税では、金融資産から生じる所得は分離課税されており、税負担が軽減されている。これは、大きな不公平であり、格差拡大の大きな要因だ。医療保険や介護保険の保険料や自己負担にも影響を与える。「1億円の壁」が是正されても、問題は残っている。

3．すべての銀行預金口座をマイナンバーに紐付けることによって、公平な課税が実現すると期待される。

4．スウェーデンやデンマーク、エストニアなどでは、日本のマイナンバーと同じ国民背番号が銀行預金に紐付けられている。これは、国民が政府を信頼しているからだ。

第9章

公平な税制こそ何より重要（その2）

1 日本の税制はフリーランサーを抑圧している

フリーランサーは、税務申告しなければならない

フリーランサーになったときに頭が痛いのは、税務申告をしなければならないことだ。

給与所得者が税務申告の作業に悩まされることは、ほとんどない。多くの場合に、源泉徴収と年末調整で、自動的に税務処理が終了してしまい、格別の作業をする必要はないからだ（ただし、給与の年間収入金額が２０００万円を超えれば、確定申告の必要がある）。

ところが、フリーランサーになって、給与所得でない形で所得を得るようになれば、税務申告をする必要がある。

給与所得を得ていても、副業があって、その所得が年間20万円を超えれば、申告義務が発生する。また、年間売上高が１０００万円を超えれば、消費税の納税義務者（課税事業者）となるので、申告をして消費税を納税する必要がある。

収入から課税所得を算出

第3章の2で述べたように、「収入」から必要経費を控除して、「所得」を計算する。ただし、給与所得者の所得は、給与収入から給与所得控除を差し引くことによって計算される。

給与所得控除額は、一定の算式によって決められる。[1] 例えば、年間収入が500万円なら144万円。所得が多いほど多くなる。収入が850万円以上なら、195万円だ。

「所得」から所得控除を差し引くことによって、「課税所得」が計算される。所得控除としては、基礎控除（所得額合計が240万円以下の場合、48万円）、医療費控除、社会保険料控除、生命保険料控除、配偶者控除、配偶者特別控除、扶養控除などがある。[2]

これに対して、フリーランサーの所得の多くは、雑所得や事業所得となる。そして、課税所得は、収入から、必要経費と所得控除を差し引くことによって計算される。

つまり、次のようになる。

1　国税庁「給与所得控除」

2　国税庁「所得控除のあらまし」

給与所得の課税所得＝給与収入－給与所得控除－所得控除

フリーランサーの課税所得＝収入－必要経費－所得控除

フリーランサーの場合、給与所得者との大きな違いは、必要経費を控除できる反面で、給与所得控除を適用できないことだ。

フリーランサーなら、高価なPCを買って仕事の能率を上げ、同時に経費増で納税額を減らすといったことができる。サラリーマンでは、こうしたことができない。しかし、反面で税務申告をしなくてよい。

■消費税の転嫁が難しい

第3章の2で述べたように、原稿料などについては、消費税を転嫁しにくい場合が多い。これは、原稿料にかぎらず、フリーランサーの仕事の多くについて起こることだ。

こうしたことになるのは、原稿料などを決めるとき、消費税込みの価格なのか、消費税抜きの価格なのかをはっきりさせないからだ。事業者が消費者に対して価格を表示する場合には、消費税額を含めた価格（税込価格）を表示することが義務付けられている。しかし、フリーランサーが依頼者と契約する場合については、こうした義務付けがない。そして、一対一の取引であり、正式な契約書など交わさずに、口頭で決める場合も多い。だから、税込みか税抜きかが曖昧であるのは、むしろ普通のことだ。

しかも、フリーランサーの仕事の対価は、多くの場合に客観的な市場価格があるわけではなく、個別の事情で決められる。このため、税込みか税抜きかの区別がよけい曖昧になりやすい。受け取り側は税抜き価格と考えていたが、支払い側は、その価格は税込みだとして払ってくる可能性がある。その場合には、消費税額を受け取り手であるフリーランサーが負担することになってしまう。

フリーランサーの場合、昔決めた契約をそのまま継続している場合が多いだろう。そうした場合、消費税の税率があがった際に、それに応じて支払い額を増やしてもらえなかったケースが多いだろう。だから、税抜きの収入は、税率上昇とともに減少してきたわけだ。

■「特定支出控除」での積算の難しさ

必要経費の積算額が普通はあまり大きな額にならないことは、「特定支出控除制度」を見てもわかる。1988年から、サラリーマンに対しても経費実額控除を認める「給与所得者の特定支出控除」が導入された。

通勤費、転居費、研修費、帰宅旅費の額が給与所得控除額を超えたときに、超えた部分の金額を給与所得控除額に加算できる。2013年以後は、費用の範囲が拡大され、資格取得費や勤務必要経費（図書費、衣服費、交際費）が追加された。給与所得控除額の2分の1を超えたときに、超えた部分の金額を給与所得控除額に加算できる。

しかし、この制度の利用者は、極めてわずかだ。国税庁によると、2018年分の所得税確定申告で特定支出控除の特例を適用した納税者は1704人しかいなかった。国税庁の2017年度調査によれば、給与所得者は全国で約5500万人いるので、利用率は0・0031％、つまり、10万人に3人しか利用していないことになる。

青色申告や法人化をすればどうか

不動産所得、事業所得、山林所得の場合には、青色申告という制度を利用できる。これが認められれば、いくつかの恩典がある。とくに、次の2つが重要だ。

1．「青色申告特別控除」が認められる。
2．配偶者などの親族のうち、事業に専ら従事している人に支払った給与を必要経費に算入できる。

なお、フリーランサーの所得が事業所得になるのか雑所得になるのかは、はっきりした基準がなく、必ずしも事業所得となるわけでないので、青色申告制度を利用できない場合があるかもしれない。

ところで、全く同じ仕事を同じ形態で行ない、雇用を業務委託に切り替えて、所得形態を給与所得から事業所得に変えたとしよう。

この場合、必要経費を実額控除できるが、青色申告特別控除が認められれば、控除額は、青色申告特別控除＋ｘになる。ｘは税務上認められる必要経費だ。

必要経費がどの程度かは場合によって違うのだが、仮に年収５００万円の場合に50万円だとすれば、青色申告特別控除として65万円が認められるとしても、65＋ｘ＝１１５万円となり、前項で見た給与所得控除１４４万円より少ない。その結果、所得金額は多くなり、税負担が多くなる。雑所得の場合には、特別控除がないので、税負担はもっと重くなる。

法人にすればどうだろうか。法人化すれば、家族従業員に給料を支払える。フリーランサーの場合には、家族が実際に作業補助をする場合が多いだろう。

しかし、帳簿を準備して会計規則にしたがった経理をしなければならないなど、事務負担は格段と重くなる。

これは、個人でもできなくはないが、かなり難しい。実際には、税理士に頼まざるを得ないだろう。すると、かなりの出費が必要になる。収入がある程度以上ないと、採算が合わないだろう。

■「フリーランサー控除」の新設が考えられる

一般には、「サラリーマンの所得はガラス張りだが、それ以外の所得は捕捉が完全ではないので、給与所得が不利だ」と言われる。

しかし、言うまでもないことだが、給与所得以外の所得が捕捉されないわけではない。反面調査等で発見されることは十分にある。

実態にしたがって税務申告する場合を考えると、右で見たように、給与所得の形態で所得を得ることが、他の形態で得るのに比べて、税負担が軽くなるのが普通だ。

「自営業者に比べて税制上不利だ」との不公平感は、サラリーマンには根強い。しかし、実際には、逆の場合も多いのである。

フリーランサーの所得の多くは給与所得の形態を取らないので、給与所得控除の存在がフリーランスの普及を妨げている可能性がある。

フリーランサーの所得と給与所得との税制上の均衡を図ることが必要だ。給与所得控除を縮小することも考えられるが、それは、政治的に難しいだろう。そこで、給与所得とフリーランサーで共通の概算控除を作ることが考えられる。それが無理なら、青色申告特別控除を参考にして「フリーランサー控除」を作ることも考えられる。

それによってフリーランサーの税負担が軽減されるが、それだけでなく、費用積算の際の精神的な負担を軽減する効果が大きい。また、税理士に頼まなくても税務申告が容易にできるようになる。フリーランスを促進するために、考えられるべき措置だ。

アメリカでは、フリーランサーでも概算控除

給与所得の場合は概算が適切だが、フリーランサーの場合には認めがたいという意見があるかもしれない。しかし、アメリカでは、給与所得であっても、フリーランサーの所得であ

っても、同じ概算控除を用いることができる。

だから、日本でも、同じような仕組みを導入できないはずはないと思う。

そして、このような仕組みは、フリーランサーを増やすことになるだろう。実際、アメリカにおける自営業者の比率は、日本よりもずっと高くなっている。

Freelance Forward 2022（Upwork）によると、アメリカにおける全就業者に対する自営業者（self-employed）の比率は、２０２２年で39％だ。

これは、日本における比率と比べると、ずっと高い。日本では、２０２３年12月において、就業者６７６３万人のうち雇用者が６１０７万人と90・３％を占める（労働力調査による）。

しかも、日本における自営業者は、農業や小売業、飲食サービスなどで多いのに対して、アメリカの自営業者は、高度な専門的サービスを提供している場合が多い。Freelance Forward 2022によると、２０２２年において、フリーランサーの51％が、コンピューター・プログラミング、マーケティング、ＩＴ、ビジネスコンサルティングなどの仕事をしている。

■納税するための負担

本書の「はじめに」の最初で、自民党裏金問題に対する国民の怒りが爆発していると述べた。それは、もちろん、税負担の不公平に対する怒りなのだが、それだけではなく、一般国民が、納税をするために苦労を強いられていることによる面もある。

とりわけ申告納税の場合には、申告のために大変な苦労を強いられる。ここで提案した「フリーランサー概算控除」のようなものが作られれば、ずいぶん楽になる。

ただし、それでもかなりの事務負担は残る。政治家の場合のように収入の多くが非課税とされれば、このような負担はほとんどなくなる。そうした環境にいると、「フリーランサー概算控除が必要」という発想は出てこないだろう。

私の場合には、原稿料収入や書籍の印税収入が主だが、支払調書をもれなく集めなければならない。また細かい費用を精算するために、領収書を揃えなければならない。私は、あるときまでは確定申告書を自分で書いていたのだが、この事務に耐えられなくなり、確定申告書の作成は税理士に依頼している。

そうであっても、必要な書類は自分で集めなければならない。その過程において、支払調書と銀行の振り込みが一致しないなど、さまざまな問題が生じる。それらを一つひとつ確認する必要がある。確定申告の時期にこうした仕事をしなければならないと思うと、毎年憂鬱《ゆううつ》になる。

私自身は完璧な申告をしているつもりだが、それでも税務調査を受けるのは大変なストレスだ。しかも調査はいつ何時来るかわからない。私が仮に病気であったとしても、それを理由に延期してもらうことはできない。

2　高齢者が働くと、これほど重い負担

You might think, but tax is a heavy fish.

定年退職後、年金で生活をすれば、税負担は、それほど重くない。年金に対しては、寛大な所得控除が認められるからだ。65歳以上で年金額が年330万円以下であれば、公的年金等特別控除額は110万円だ。したがって、年金以外の収入がなく、年金額が110万円以下なら、税はかからない。年金額が240万円なら、所得は130万円となり、所得税は、その5%である6万5000円だ。

しかし、ひとたび働き始めると、山のような負担がかかってくる。税だけでなく、社会保険関連の負担も重い。

高齢者の場合には、年金の保険料はなくなるが、医療保険や介護保険の保険料がある。第3章の4で見たように、これらもかなり高い。介護保険の保険料は、40歳未満ではかからな

いものだ。

さらに、医療保険にも介護保険にも、自己負担がある。これらは、所得が多くなるほど重くなる。自己負担は天井なしではなく、限度が設定されているのだが、所得が多ければ、限度が上がる。

これらは、働くことに対するペナルティーになっている。

まさに根こそぎ持っていかれる。「税について嘆いたところで、絶対に誰も同情してくれないから、嘆くな」と言われても、次のように言いたくなる。


「言うまいと思えど税の重さかな」

（これを「英訳」すると、この項のタイトルのようになる）

▩自己負担は必要だが、いかなる仕組みにするかが問題

医療保険においては、自己負担の制度がある。

第3章の3で述べたように、1960年代の末から70年代の初めにかけて老人医療の無料

化が行なわれたとき、高齢者の受診率が急上昇し、病院が高齢者のサロンのようになるといった異常な現象が発生した。こうした事態を防ぐために、自己負担が必要だ。

また、医療保険に求められる機能は、風邪のような軽微な場合の医療費までゼロとすることではなく、大病で巨額の医療費が必要になった場合に、それによる家計の崩壊を防ぐことにある。

こうしたことから、医療保険において、自己負担をゼロとするのでなく、一定の負担を求めるのは、合理的なことだ。問題は、いかなる指標に基づいて自己負担を決め、その料率をいかなる水準に設定するかである。

■現役並み所得は、3割負担

高齢者の場合についてみると、現在の制度での自己負担の比率は次のようになっている。

（１）70歳以上75歳未満の場合：２割。ただし、現役並み所得者は３割
（２）75歳以上の場合：１割。ただし、現役並み所得者は３割

ここで、現役並み所得者とは、年収が370万円以上（課税所得が145万円以上）の者だ。なお、本人だけでなく、配偶者にも同じ率が適用される。

本節の最初に述べたように、公的年金等特別控除額は110万円なので、収入が年金だけであれば、医療費の自己負担率は2割または1割という場合が多いだろう。しかし、年金に加えてそれ以外に所得があれば、3割になる場合が多くなるだろう。

■「現役並み」との理由付けは正当化できるか？

医療保険制度で、7歳以上70歳未満の自己負担率は3割だ。このことから、高齢者の場合の3割自己負担率は、「所得が現役並みであれば、負担も現役並み」と理由付けられている。

この基準は、一見したところ、もっともらしい。しかし、よく考えると、疑問がある。なぜなら、一般に、高齢者の医療費は、若年者に比べてずっと多いからだ。

したがって、同じ3割でも、自己負担の額は、若年者に比べると多く、所得に対する比率も高くなる場合が多い。

本来であれば、「所得が現役並みであれば、所得に対する自己負担額の比率を現役並み」とすべきであろう。ところが、現実の仕組みは「所得が現役並みであれば、自己負担の医療費に対する比率も現役並み」となっている。これは、適切なものではないと評価することができるだろう。

働くと、高額療養費の上限も高くなる

医療保険における問題は、これだけではない。

自己負担に関しては、「高額療養費制度」がある。1カ月に自己負担する医療費の上限を定め、それを超えた分が還元される制度だ。ここでも、所得による差が設けられている。[3]

70歳以上の場合、住民税非課税世帯（年金収入80万円以下等）では、世帯ごとの自己負担限度額は月1・5万円だ。「多数回該当」（年に3回以上、上限額に達した場合の4回目から）の場合を見ると、年収約370万円未満では月額4・4万円だ。

ところが、年収約1160万円以上になると、月額14万円と、約3・2倍になる。住民税非課税世帯の場合と比べると、9・3倍だ。このように、かなり重い負担となる場合もある。

3　厚生労働省「高額療養費制度を利用される皆さまへ」

住民税がいくらになるかはあらかじめ予測できるので、納税資金を準備しておけば、なんとか対応できる。しかし、医療費や介護費は、そもそも発生するかどうかが、事前には予測できない場合が多い。また、額がどれだけになるかも予測がつかない。だから、これらについて、あらかじめ準備しておくのは、難しい。したがって、自己負担が多額になると、病気になったときの対応は、極めて難しいだろう。

■所得が多いと介護保険自己負担率が3割に

同じような問題が、介護保険にもある。前年に所得がある場合には、自己負担率が高くなる。介護サービスの自己負担の割合は原則1割だが、年収が単身世帯で280万円以上の人は2割、さらに340万円以上の人は3割となっている。[4]

介護保険制度には、「高額介護サービス費」がある。1カ月の自己負担額が一定額を超えると、超過額は申請すれば支給される。

ただし、ここでも、前年の所得による差が設けられている。所得が低いと、自己負担の月限度は1・5万円で済む。しかし、所得が高いと、月額14万円までは自己負担になる。[5]

なぜ所得があると介護サービスの利用を制限されるのか？

ところで、介護保険の場合に、自己負担率の1割とか3割というのは、いかなる根拠で決めているのだろうか？

医療の場合の自己負担率は、すでに指摘したような問題があるとはいえ、「現役の場合の負担率」という比較の対象を取り、「所得が現役と同じなら、自己負担率も同じ」という理屈付けをしている。しかし、介護の場合には、2号被保険者（40歳から64歳）は、所得によらず1割だ。だから、「医療の場合と同じ」という理屈付けもできない。まったく腰だめで決めているとしか思えない。

しかも、所得が多くなると、自己負担率は1割から3割にジャンプする。これは、働いて所得を得ることに対して強い抑止効果を持つだろう。

病気の場合には、いくら自己負担が多くなったからといって、治療をやめるわけにはいかない。しかし、介護の場合には、自己負担が多くなれば、家族が介護するという選択の余地

4　NHK「高齢者介護サービス 利用者の自己負担の見直し議論 厚労省」2023年12月7日
5　厚生労働省「高額介護サービス費の負担限度額見直し」

がある。そうなれば、介護保険がなかった時代に逆戻りしてしまうことになる。

働いていなければ、介護保険を利用してもよいが、働いて所得があれば利用させないようにする。しかも、その措置を今後強化する、というのは、どう考えてもおかしい。

介護サービスが必要にならないように注意することがまず必要だが、しかし、必要になってしまったら、介護サービスを利用したい。そして、その状態でできる仕事もあるから、仕事を続けたい。「要介護になっても仕事を続けられる」というのが、「人生１００年時代」の本来の姿だろう。

3 消費税とインボイス

■間接税には欠陥があると考えられていた

日本の消費税は、ヨーロッパの付加価値税（VAT）をモデルとして作られた。付加価値税は、第二次大戦後にフランスで導入された新しい税だ。1967年にEC共通税として認められ、当時の加盟国6国に導入された。現在では、ヨーロッパの多くの国で採用されている。

日本の消費税もヨーロッパの付加価値税も、「間接税」の一種である。間接税とは、物やサービスの価格に上乗せされることによって、最終的に消費者が負担する税だ（納税するのは、物やサービスの販売業者）。

間接税は所得税や法人税などの直接税より古くからあった。直接税を課税するには、すべての事業者に帳簿記帳などの取引記録作成を義務付ける必要あるが、これは容易なことではない。それに対して間接税は、販売業者のみを捕捉していれば課税できる。

間接税には、ある商品やサービスの取引過程のどこかの段階で課する「単段階課税」と、さまざまな段階で課税する「多段階課税」がある。アメリカやカナダで現在も行なわれている売上税は、小売段階のみで課税する単段階課税の間接税だ。

単段階課税の問題点は、脱税や捕捉漏れがあった場合の税収減が大きくなってしまうことだ。それだけでなく、多くの取引段階のうち、ある段階に課税が集中するため、税率が高くなり、脱税のインセンティブも高まる。

したがって、さまざまな段階で課税する多段階課税のほうが望ましい。しかし、取引のさまざまな段階で課税しようとすると、別の問題が生じる。それは、取引のたびに課税されるために、税が累積することだ。

例えば、部品や原材料の生産から始まり、最終製品の生産、一次卸し、二次卸し、小売りという長い経路をたどって生産・販売される製品の場合、取引のたびに税がかかると、それらが積みあがって、最終製品価格に転嫁される。

ところが、これらの過程をすべて単一の大企業が行なう場合には、課税は最終段階だけで済んでしまう。つまり、垂直統合をすると、税率が低くなってしまう。したがって、税が取引形態を攪乱《かくらん》することになる。以上のような問題があるため、間接税には欠陥があり、近代的な税は所得税や法人税のような直接税でなければならない、と考えられていた。

付加価値税は、「前段階税額控除方式」で間接税の問題を解決した

ところが、フランスで「発明された」付加価値税（VAT）は、極めて巧みな方法によってこの問題を解決した。それは、「前段階税額控除方式」である。

この方式では、前段階で課税された消費税を控除する。仕入れに含まれている消費税を控除するので、「仕入税額控除」とも呼ばれることもある。

これは、「取引のあらゆる段階で課税するが、各段階における税額は、売上げ額に税率をかけて算出される額から、仕入れ額に税率をかけた額を控除したものとする」という方式だ。

仕入れに含まれる税を控除するから、累積は起こらない。また、特定の段階に課税が集中するわけではないので、前述した単段階課税の問題も回避される。このため、付加価値税は、従来の間接税の欠陥を克服したと評価された。そして、間接税が現代的な税として見直されるようになったのである。EU共通税として広く採用されているのは、このためだ。

なお、右で述べたことを式で表わせば、ある段階での課税額は、

（売り上げ）×（税率）－（仕入れ）×（税率）

であるが、これを書きかえると、

［（売り上げ）－（仕入れ）］×（税率）

となる。（売り上げ）－（仕入れ）は、ほぼ付加価値に等しいので、各段階での付加価値に課税することになる。「付加価値税」という名称は、これに由来する。

■インボイスによって前段階の税額を控除する

付加価値税における前段階税額控除は、取引事業者間でやりとりされる「インボイス」によって行なわれる。

業者が物品やサービスを購入した場合、消費税支払いの際に、仕入れに含まれている税額

を控除できるのだが、それは、インボイスがある場合にだけ認められるのである。

インボイスは課税される業者が発行する。各事業者にはVAT番号（納税者番号）が付与される。商品ごとに、取引内容、税率、税額、取引金額などの法定事項を記載する。インボイスに基づかずに前段階税額控除を行なうと、税務調査で否認される。インボイスは、付加価値税制度の核心だ。

免税、簡易課税、非課税

以上が本則だが、いくつかの特例的制度が設けられる。日本では、次のような特例がある。

第一は、「免税業者制度」だ。年間売上高が1000万円以下の事業者は、消費税の納税義務を課されない。

第二は、「簡易課税制度」だ。年間売上高が5000万円以下の業者は、売上高にみなし仕入率を乗じることによって仕入控除税額を算出してもよいとされている。

第三は、「非課税制度」だ。いくつかの財やサービスは、消費税が課されず、消費税制度の外に置かれている。この対象としては、第一に金融取引に関するものがある。第二に社会政策的観点から非課税とされるもの、例えば社会保障診療、借家の家賃等がある。非課税の場合、前段階の税を控除できないため、課税の累積が発生する。

なお、輸出については、ゼロ税率の消費税が課される。これは特例措置というより、間接税の国境税調整措置として、全世界で共通に行なわれている措置だ。この場合には、前段階の税は控除できる。

■これまでの消費税での前段階控除は、帳簿および請求書方式

日本の消費税がヨーロッパの付加価値税と異なる最も大きな点は、前段階税額控除を行なうのに、インボイスによらず、「帳簿および請求書等」で行なっていたことだ。

仕入れに含まれている消費税額を帳簿や請求書等から算出し、これを売り上げに係る消費税額から控除する。このため、課税仕入れの事実を記録した帳簿および請求書等を保存しなければならないとされていた。

この方式は、さまざまな不都合を引き起こす。最大のものは、業者間の力関係で次段階への転嫁ができないと、税が販売業者の負担となってしまうことだ。

これを救うために免税や簡易課税の制度が導入されているのだが、そうすると、益税が発

生する場合がある。こうして、消費税の負担は、実際には歪んだ形になっていた。

さらに、次の問題がある。インボイス方式では、免税事業者はインボイスを発行することができないのだが、これまでの日本では、免税事業者も請求書を発行することができた。仕入側も、免税事業者から仕入れた商品に関して仕入税額控除を行なえた。このため、インボイス方式に転換すると、免税事業者が市場から排除される可能性がある。

１９８９年に消費税が導入されたとき、税率は３％だった。したがって、税構造に欠陥があっても、それほど大きな問題とはならなかった。その後、税率が５％、８％、10％と引き上げられたが、関心は税率を引き上げて税収を増やすことにあり、税構造の合理化は毎回先送りにされた。こうして、消費税の基本構造には、ほとんど手が付けられていなかったのだ。

■インボイスの魔術（その１）……次段階への転嫁が容易になる

インボイス方式では、「次段階への転嫁ができず、税が販売業者の負担となってしまう」という問題が、理論的には起こらない。インボイスの機能は、税の累積を防ぐことだけではない。最も重要なのは、後段階への転嫁が容易になることなのだ。

これは、次のように考えると、理解できるだろう。Aという会社があり、そこで用いる宣伝用パンフレットの印刷をB社が200万円で受注したものとしよう。B社としては、消費税10%を上乗せして220万円で売りたい。しかし、A社が、消費税分の20万円はまけてくれと要求してきたとする。このとき、B社は次のようにいえるはずだ。

「もし20万円の消費税を払っていただけるなら、インボイスを発行して、消費税20万円という記載をしましょう。これを税務署に見せれば、御社の消費税支払いは20万円だけ安くなる。つまり、このインボイスは、20万円の金券と同じ価値がある。20万円の消費税支払いと引き換えに20万円の金券が手に入るのだから、差し引きゼロになるでしょう。しかし、20万円の消費税を払っていただけないのなら、当社はインボイスを発行できない。すると、御社は20万円の控除ができず、支払うべき消費税額は20万円多くなる。だから、御社は消費税を支払わないことによって得することはない」。

■インボイスの魔術(その2)……ごまかしができず、免税業者の利益がない

さらに、次のような効果がある。

第一の効果は、前項の例で、B社が売り上げをごまかせなくなることだ。例えば、A社へ

の売り上げを１５０万円にすると、インボイスがA社から税務署に提出された場合に、計算が合わなくなってしまう。

第二の効果は、B社は、免税業者になるインセンティブを失うことだ。もしB社が免税業者だと、インボイスは発行できない。このため、A社は税額分を控除できない。したがって、B社は、取引から排除されてしまう可能性が高い。

■零細事業者にとって転嫁は依然として難しい

第3章の2や本章の1で述べたように、フリーランサーの場合には、消費税の転嫁は難しい場合が多い。転嫁できなければ、消費税は、消費者が負担する間接税ではなく、フリーランサーが負担する、売上げの10％でかかる直接税になってしまう。

売上げの10％とは、古代ローマの「十分の一税」と同じ率であり、かなり重い負担だ。日本の消費税は、最初は3％で導入されたため、あまり重大な問題ではなかった。しかし、税率が次第に引き上げられてくると、無視できないものとなる。

では、この問題は、インボイス導入で解決できるだろうか？

残念ながら、そうではない。前々項で「インボイスによって転嫁が容易になる」と言ったのは、税抜き価格がはっきり決まっている場合についてのことだ。例えば、ネジのような部品だ。こうしたものについては、同一品質財のマーケットが形成されているために、税抜き価格を客観的に知ることができる。

ところが、フリーランサーが提供するのはサービスである場合が多く、しかも品質が供給者によってさまざまに異なるため、ネジの場合のような客観的税抜き価格は存在しない場合が多い。このため、契約価格が税込みか税抜きかがはっきりしないということが起きるのだ。

これをはっきりさせようとゴタゴタ言うのは、いかにもはしたない。「おまえは守銭奴なのか」と言われそうだ。しかし、チリも積もれば山となる。長期にわたる契約では、無視できない額になる。しかも、将来消費税率が上がれば、所得が自動的に減少することになる。

フリーランサーが非課税業者であれば、消費税を納税する必要がないので、こうした問題は発生しない。しかし、インボイスの導入によって課税業者に移行せざるを得なくなった場合が多いと思われるので、こうした問題が頻発する可能性がある。

これについては、消費税込みか抜きかをはっきりさせるという取引慣習が確立されることを待つしかない。

■フランス３大発明の一つ

付加価値税の前段階税額控除方式は、フランスの秀才官僚が考案した極めて巧妙な仕組みだ。あまりに巧妙なため、「付加価値税は、フランス３大発明の一つ」といわれる。「ルネッサンスの３大発明」である火薬・羅針盤・印刷に劣らず重要で、世界を変える可能性をもつ発明というわけだ。

なお、余談だが、フランス３大発明のもう一つは「メートル法」である。そしてもう一つは、「革命」だ（ただし、イギリス首相だったマーガレット・サッチャーは、「イギリスはフランスより先に革命を行なっているので、革命はフランスの発明ではない」と言った。確かに、イギリスでは、１６４９年にピューリタン革命で国王を処刑している）。

■日本もインボイスに移行

日本でも、２０２３年10月からインボイス制度が発足した。消費税の導入から30年以上もの期間にわたって、インボイスのない不完全な制度が続いたが、この改革によって、ヨーロッパの付加価値税並みの税になる。この制度を育てていくことが重要だ。

なお、「インボイスの導入で、事業のすべてが税務署に筒抜けになる」と言われることがあるが、これは、不思議な意見だ。直接税を納税しているかぎり、事業の内容はもともと税務署には明らかになっているはずだからだ。

また、日本の政治状況の中で、消費税率をこれ以上引き上げていくことは容易でない。したがって、税制改革を進めるとともに、社会保障制度を見直すことも不可欠だ。もちろん、これらは、政治的に容易な課題ではない。

それにもかかわらず、こうした観点からの税制改革論議は、全く行なわれていない。政府もそうした問題を提起しないし、野党も消費税の減税しか主張しない。日本の政治は、未来に対する責任を放棄していると考えざるをえない。

4 「ふるさと納税」は地方自治を破壊する

過熱した返礼品競争、金券を配る自治体まで

ふるさと納税は、２００８年から始まった都道府県、市区町村への寄付制度だ。一般の寄付では、寄付金額から２０００円を差し引いた金額の40％が、所得税から控除される。また、寄付金額から２０００円を差し引いた金額の10％が住民税から控除される。しかし、ふるさと納税では、寄付金額から２０００円を差し引いた全額が控除される。[6] これは、一般の寄付税制より著しく優遇された制度だ。

これは、明らかに公平の原則を犯している。なぜ地方公共団体への寄付だけに、こうした優遇措置が認められるのか？　それは、政治家にあまりに多額の非課税所得が認められない

6　総務省「ふるさと納税の仕組み」
ふるさとチョイス「ふるさと納税で「住民税」はいくら安くなる？」

のと同じように、認めることができないものだ。

ふるさと納税の問題は、これにとどまらない。その後、寄付先の自治体から「返礼品」として、牛肉や海産物、日本酒など、地場の名産品がもらえる場合が多くなったからだ。このため、「2000円の負担だけでお米やお肉、魚介類などがたくさんもらえるお得な制度」と宣伝されるようになった。ついには、返礼品として金券を配る自治体まで現れた。ほとんど負担なしに豪華な返礼品を手にすることができるのだから、「制度を利用しなければ損だ」と考える人が増えた。

自治体の側からすれば、返礼品に地元の特産物を利用すれば、地元産業の振興になる。返礼品競争が加熱したため、政府は、ふるさと納税制度を見直す方針を決めた。

2017年4月、総務省は豪華な返礼品を自粛するよう各自治体に通知し、返礼品は、おおむね寄付額の30%を上限とするように通達した。また、高額の返礼品を出している地方公共団体は、2019年から対象外とされた。2023年10月からは、自治体が寄付を募るのに使う経費を寄付額の5割以下とする基準を厳格化した。

■大都市の税収減が無視できない額に

問題は高額返礼品だけではない。

まず、大都市の税収減が無視できない額になった。国から地方交付税を受けていない東京都や川崎市などの不交付団体では、ふるさと納税で税収減となっても、交付税による補てんがないため、そのまま税収減になる。

東京都におけるふるさと納税による都民税（住民税）の減収額は年々増加しており、2023年度の減収額は675億円にのぼる。これは、特別養護老人ホームの施設整備費補助75施設分に相当する。これまでの累計は3018億円だ。[7] 川崎市の2023年度の減収額は121億円で、川崎市市民の90％分のゴミ収集・処理費に相当する。[8]

地方税は地方公共団体が提供する警察、消防、ゴミ処理などに対応する料金的な意味を持つ。このような性格を持つ税の納付先を現住所と異なるところに移すことを認めれば、本来の納税地点で、行政サービスの「ただ乗り」を許すことになる。

その分は、他の納税者の負担が増えるか、あるいはその地方の行政サービスの水準が低下することによって調整される。つまり、他の住民に迷惑をかけている。右に紹介した東京都

7　東京都主税局「ふるさと納税に対する東京都の見解」
8　川崎市「貴重な市税が、『ふるさと納税』によって流出しています。」

や川崎市の見解が、説明しているとおりだ。このように、ふるさと納税制度は、利用者が返礼品で得をする一方で、他の住民の負担を増やす、あるいは地方公共団体のサービスを減らす結果をもたらしている。

「すべての税を国税として徴収し、地方に配布する」という仕組みをとらず、「地方税」が存在するのは、地方自治体が行政努力によって無駄な経費を節約し、また、企業や住民を誘致して税収を増やし、それが自治体に好循環をもたらすという効果が期待されているからだ。人々は、そのような状況を見ながら、望ましい居住地を選択する。これは、「足による投票」と言われているメカニズムだ。ところが、ふるさと納税を認めれば、受益と負担のリンクが切れてしまうので、このメカニズムは働きにくくなる。

この意味で、ふるさと納税は地方自治の本質に反する制度なのである。地方自治とか地方分権ということが、口先では言われても、実際にはそれと正反対のことが行なわれているのである。

さらに、受け取り自治体の観点から見ても問題がある。ふるさと納税では、一時的には税収が増えるが、将来もそれが続く保証はない。したがって、これによる増収をあてにして新たな政策を導入したり、施設を建設したりすれば、将来、財政を圧迫しかねない。

もちろん、現実には、大都市に経済活動が集中し、地方が疲弊している。しかし、それに対処するためには、地方交付税制度の見直しなど、本格的な制度の見直しが必要だ。そうした地道な努力を怠ってふるさと納税制度に依存すれば、事態はますます悪化するだろう。

日本人の崇高な精神を堕落させる

もちろん、「特定の地方公共団体を助けたい。そのために、寄付をしたい」と考える人はいる。ただし、寄付であれば、それだけの負担をしなければならない。

ところが、すでに述べたように、ふるさと納税は、利用すれば得をする制度だ。ウエブサイトを見ると、「お得な制度。利用しなければソン。どう利用すればトクか？　どの地方団体の返礼品がトクか？」といった記事が多数ある。そして、人々は、どこがトクかを考えて寄付先を決める。

返礼品は一時所得になるので、特別控除以上の半額が課税対象になる。ところが、税務申告していない人が多いようだ。1年間に400万円の寄付をしながら申告しなかった人のことが記事になっていた。[9]　申告漏れもさることながら、1年間に400万円もの寄付をする人がいるので驚いた。これでは、寄付に名を借りた一種のビジネスだ。

これは、人間の欲望だけをうまく利用して、原則を踏みにじる制度だ。寄付の精神に反し、日本人の精神構造を破壊する。日本人は、原則を踏みにじる制度をよしとする民族ではなかった。ふるさと納税によって日本人の崇高な精神が崩壊していくのを見るのは、誠につらいものだ。私は絶望的な気持ちになっている。

最後の希望は、2024年能登半島地震からの復興で、ふるさと納税が果たしうる機能だ。予期せぬ突然の地域災害のときには、こうした制度に期待するところが大きい。2カ月間で数十億円の資金が集まっているが、今後の推移を見守りたいと思う。

9 朝日新聞「返礼品思わぬ申告漏れ」2024年2月11日

第9章のまとめ

1. フリーランサーになると給与所得控除を使えなくなり、費用を積算する面倒な作業が必要だ。フリーランサーとしての働き方を促進するには、「フリーランサー控除」のような仕組みを作ることが考えられる。

2. 医療保険や介護保険の保険料と自己負担は、高齢者が働くことに対する強いペナルティになっている。
3. 日本の消費税は、これまでインボイスなしの欠陥税だったが、２０２３年10月からインボイスが導入された。
4. ふるさと納税は、もともと地方自治の原則に反する制度だが、受け取り自治体による返礼品競争で、まったく正当化できないものになってしまった。

PHP新書

PHP INTERFACE
https://www.php.co.jp/

野口悠紀雄［のぐち・ゆきお］

1940年、東京生まれ。63年東京大学工学部卒。64年大蔵省入省。72年エール大学Ph.D.(経済学博士号)。一橋大学教授、東京大学教授(先端経済工学研究センター長)、スタンフォード大学客員教授、早稲田大学教授などを経て、一橋大学名誉教授。専攻は日本経済論。近著に、『どうすれば日本人の賃金は上がるのか』(日経プレミアシリーズ)、『「超」創造法』(幻冬舎新書)、『日銀の責任』(PHP新書)、『プア・ジャパン』(朝日新書)、『生成AI革命』(日本経済新聞出版)ほか多数。

note https://note.com/yukionoguchi
X(旧ツイッター) https://twitter.com/yukionoguchi10
野口悠紀雄online https://www.noguchi.co.jp/

日本の税は不公平

(PHP新書 1392)

二〇二四年四月八日　第一版第一刷

著者――野口悠紀雄
発行者――永田貴之
発行所――株式会社ＰＨＰ研究所
東京本部――〒135-8137 江東区豊洲5-6-52
ビジネス・教養出版部 ☎03-3520-9615(編集)
普及部 ☎03-3520-9630(販売)
京都本部――〒601-8411 京都市南区西九条北ノ内町11
組版――有限会社メディアネット
装幀者――芦澤泰偉＋明石すみれ
印刷所――大日本印刷株式会社
製本所――東京美術紙工協業組合

ISBN978-4-569-85688-9

ＰＨＰ新書刊行にあたって

「繁栄を通じて平和と幸福を」(PEACE and HAPPINESS through PROSPERITY)の願いのもと、ＰＨＰ研究所が創設されて今年で五十周年を迎えます。その歩みは、日本人が先の戦争を乗り越え、並々ならぬ努力を続けて、今日の繁栄を築き上げてきた軌跡に重なります。

しかし、平和で豊かな生活を手にした現在、多くの日本人は、自分が何のために生きているのか、どのように生きていきたいのかを、見失いつつあるように思われます。そして、その間にも、日本国内や世界のみならず地球規模での大きな変化が日々生起し、解決すべき問題となって私たちのもとに押し寄せてきます。

このような時代に人生の確かな価値を見出し、生きる喜びに満ちあふれた社会を実現するために、いま何が求められているのでしょうか。それは、先達が培ってきた知恵を紡ぎ直すこと、その上で自分たち一人一人がおかれた現実と進むべき未来について丹念に考えていくこと以外にはありません。

その営みは、単なる知識に終わらない深い思索へ、そしてよく生きるための哲学への旅でもあります。弊所が創設五十周年を迎えましたのを機に、ＰＨＰ新書を創刊し、この新たな旅を読者と共に歩んでいきたいと思っています。多くの読者の共感と支援を心よりお願いいたします。

一九九六年十月

ＰＨＰ研究所